UX の時代
IoTとシェアリングは産業をどう変えるのか

松島聡
シーオス 代表取締役

英治出版

序章 2 地殻変動の予兆
——世界のビジネスシーンで起きている変化の本質

第1章 19 垂直統制型から水平協働型へ
——ビジネスも社会も歴史的転換点にある

第2章 46 あらゆるリソースがIoTでつながる
——水平協働型シェアリングエコノミーの到来

第3章 77 UXビジネスにどう移行すべきか？

第4章 122 シェアリングエコノミーを支えるIoTテクノロジー

第5章 152 UX創造のビジネス戦略
——リソースシェアリングによる新しいビジネスモデル

第6章 184 UXビジネスの障壁
——行政との交渉、働き方の改革

終章 221 ネクスト・メイン・フィールドへ

謝辞 236

参考文献 239

注 242

詳細目次 246

序章　地殻変動の予兆
――世界のビジネスシーンで起きている変化の本質

これまでの概念では理解できない現象

なんらかのビジネスに携わっていて、今、社会に大きな地殻変動が起きていることを感じていない人はまずいないだろう。それが何なのかを明快に語ることはできなくても、これまでの常識では理解しづらいことがいくつも起きている。

たとえば、あらゆるものがインターネットでつながる「IoT（Internet of Things）」や、「AI（人工知能）」が自分で学ぶようになり人知を追い越すシンギュラリティなど、テクノロジーの爆発的な進化によって人類が経験したことのない現象が起きようとしている。

ビジネスの分野では効率化が飛躍的に進み、高機能・高付加価値の製品が生まれてはどんどん低価格で販売される動きが加速し、アメリカなどでは不動産などの資産を担保にお金を借りてまでモノを買い続ける異常な行動、俗に「ハイパー消費」と呼ばれる現象を生みだした。

しかし一方ではそれと全く逆の「シェアリング」というスタイルが生まれ、急速に広がりを見せている。

シェアリングとは、カーシェアリングや自転車シェアリングなど、モノを所有するのではなく共有することだ。今はまだニッチなサービスに支えられている現象・行為かもしれないが、その奥にはこれまで資本主義経済を支えてきた価値観を根底から覆す可能性が秘められている。

たとえばアメリカで生まれたエアビーアンドビー（Airbnb）というウェブサービスがある。部屋の所有者がホストになり、サイトを通じて希望者に1泊から部屋を貸す仕組みだ。インターネットを用いた民宿と言ってもいいだろう。貸す部屋は自宅でも別荘でもいい。また、独立した部屋でなくても、ベッド単体、共用スペースから城、島、クルーザー、テントなど、様々なスペースがこのサイトに登録され、利用されている。

サービスのスタートは2008年だが、宿泊施設が不足していたことからたちまち全米に広がった。同様のサービスはヨーロッパなど各国で始まったが、エアビーアンドビーは2011年にドイツの同業企業を買収して海外進出を開始。その後次々と海外拠点を増やし、2016年現在、世界191か国、3万4000以上の都市で、通算6000万人超のゲストにサービスを提供するまでに成長した。[1]

日本でも2014年にエアビーアンドビー・ジャパンが設立され、1年間で2219・9億円の経済波及効果と2万1800人の雇用支援を生みだしたと同社は発表している。[2]

このエアビーアンドビーの新しさは、ユーザーがホスト（スペースの提供者）にもなれる、シェアリング型の仕組みにある。新しく宿泊施設やレジャー施設を作らなくても、スペースの所有者がいくらでも現れて、ホストとして空いている期間だけ提供する。ホストも旅行や出張をするときは、ユーザーとして他の提供者のスペースを利用する。

配車サービスのウーバー（Uber）も同様に、個人がホストとなって自分の所有する車と空き時間をユーザーに提供するシェアリング型のサービスとしてほぼ同時期に始まり、今では世界中に拡大している。

これらは、モノを買い所有する経済から、必要なときに必要な分だけ利用する共有型経済（シェアリングエコノミー）への転換を告げる予兆なのかもしれない。変化に敏感な人たちはすでにこのキーワードに注目し、これから起きる変化を読み解こうとしている。

所有する経済の限界とシェアリング、リサイクルの波

シェアリングエコノミーの根底にあるのは、産業が大量に生産したものを所有するという行為の拒絶・否定だ。そこにはいくつかの動機が考えられる。まずモノが溢れている時代に育った世代は、欠乏の時代に育った世代のような所有の欲求がそもそも乏しい。せっかく稼いだお金を使うなら、ひとつのモノを買うより必要なときに必要な分だけ使うことで、複数のモノから価値を得たほうがいい。そのほうが消費スタイルとしてクールだという価値観もそこにはある。

所有より共有活用のほうが、なぜクールなのか？　そこには人類が直面している大きな問題が隠れている。

地球規模で等比級数的に巨大化していく産業がこのまま資源を製品に変え続け、社会がそれを消費し続けたら、遠からず資源は枯渇し、環境は汚染され、経済システムそのものが破綻するだろう。そんなことは小中学生でも薄々感じている。シェアリングエコノミーへの移行は、こうした危機に対する社会・市場の自然な対応であると見ることもできるのだ。

シェアリングというモノの活用スタイル自体は、突然生まれてきたものではない。賃貸住宅などもシェアリングの古い形態と見ることができる。不動産賃貸が広がった背景には、高くて買いづらいという理由のほかに、近代社会で人の活動が活発化し、引っ越しをする機会が増え、所有するより借りたほうが便利で合理的だという事情がある。レンタカーも車を所有するより、必要なときに借りて活用するシェアリングの古い形態だ。

しかし、今広がりつつあるシェアリングには、賃貸住宅やレンタカーといった古くからある貸し出し事業と大きく異なる点がある。

まず、貸し手と借り手という一方通行の関係ではなく、ユーザーが持っているものを空いている時間だけ提供し、それをその時間帯に使いたいユーザーが利用する。提供されるものも多種多様だ。エアビーアンドビーの部屋・スペースやウーバーの車・移動手段以外に、道具などのモノ、人の労力など、多種多様なシェアリングが様々なウェブサイトによって運営されている。

ウェブサイトにアクセスすれば、利用可能なものの空き状況もすぐにわかるし、ユーザーが希望する条件を指定して、最適な選択ができる。ウーバーの場合は街のどこにいても、一番近くにいるドライバーにアクセスし、すぐに車で来てもらうことができる。ドライバーの信頼性、クオリティなどもレーティング（利用したユーザーの評価）がサイトに出ているので、安心して利用できる。このオープンで透明な仕組みも、シェアリングの大きな特徴だ。

従来の賃貸・レンタルにはないこうした便利さを可能にしたのはテクノロジーの進化だ。ユーザーはものを買って所有しなくても、シェアリングサービスのウェブサイトやスマホアプリを使って必要な時間だけ、必要な場所で手軽に使うことができるようになった。これがユーザーの消費行動を大きく変えた。これまで購入・所有にかけていたお金のある部分をシェアリングに切り替えることで、より有効にお金を使うようになったのだ。シェアリングと購入・所有にかけるお金の比率は、人によって異なるが、この先シェアリングのサービスが多様化し、社会に広がっていけば、シェアリングの比率は高まっていくことになるだろう。

もちろんシェアリングの比率が高い人でも、所有したほうがより便利なもの、どうしても所有したいものというのはある。特に機能や性能、デザインなど、その人がこだわっているハイレベルなもの、特殊なものなどは、買って所有するほうを選ぶだろう。

インターネットの普及により、どんな特殊な製品にもアクセスできるし、オンラインショッピングの品揃えがロングテール[3]化し、売れ筋商品からマニアックな商品まで購入しやすくなった。これも近年の消費行動を変える大きな要因になっている。

たとえば平均的な消費者の購入・所有とレンタルの比率が9対1だったとしたら、これからは購入・所有が3、シェアリングが7になるといったことが起きるかもしれない。

しかも、シェアリングの消費スタイルはただ広がっているだけでなく、それが賢くお洒落な経済行動であるという認識も生まれてきている。そこには重要な価値観の転換がある。シェアリングは単なる流行ではなく、これからの経済社会に大きな影響を与える可能性があるのだ。

レイチェル・ボッツマン、ルー・ロジャースの『シェア』（NHK出版）には、アメリカに代表される「ハイパー消費社会」で今広がりつつあるシェア、コラボレーション、リサイクル・リユースの波が、どれほど広汎で、可能性に満ちているかが語られている。

資本主義の限界なのか？

一方、富の分配から見ると、グローバル化した経済は一握りの超富裕層を生みだしている。金融市場で運用することによって使い切れないほど資産を増やし続け、貧困層との格差は開くばかりだ。

貧困層ではない人たちも、この経済の仕組みそのものに嫌気が差している。彼らは産業の都合で大量に生産される製品を買うこと自体にもはやそれほど魅力を感じなくなってきている。

これらの兆候が物語っているのは、従来の経済モデルが生みだした地球規模の危機に対する消費者の反応であり、持続可能な社会を模索する価値観の広がりなのだ。

「ちょっと待ってくれ。消費・所有意欲は資本主義経済の根源的な推進力だ。これを否定したら、経済は活力を失い衰退するだけだ。そこで新しい価値観と呼ばれているものは、エコロジストの社会批判と似たようなものではないのか？」と言う人もいるだろう。

しかし、新しい変化を先導している人たちは、特に無気力でもネガティブでもない。もちろん個性は多種多様だろうが、経済行動について言えば、これまでの消費者より視野が広く、冷静・合理的であるということなのだ。自分がやりたいことはやるし、そのために必要なものは活用するだろう。それが購買・所有ではなく、レンタル利用や共有へ変化したに過ぎない。

たとえば自動車の活用を時間で計算した場合、車を１００万円以上かけて購入し、毎月数万円の駐車場代を払うより、必要な時間だけカーシェアリングしたほうがはるかに安くつく。買わない、所有しないことで、それにかかる費用は劇的に減り、ほかの用途に回すことができる。つまり使うお金が減るわけではなく、シェアというスタイルによって、対価を払って活用するモノやサービスの価値を何倍にもしようとしているだけとも言えるのだ。

製品がタダで手に入る時代

シェアリングエコノミーと並んでもうひとつ、経済のあり方を大きく変える可能性を秘めているのはフリー・エコノミーだ。

プロモーションのために製品を無料で配るといったビジネスの手法はかなり前から存在する。ソフトウェア・ベンダーが自社の主力製品を売るために、付属的なソフトを無料でユーザーに配る、あるいは広告収入などで運営されるサイトが情報を無料で配信するといったＩＴ業界のフリー・サービスはすでに常態化している。ニュースなどの情報が無料で配信されるようになって、海外では新聞社・通信社が次々と経営危機に追い込まれた。

しかし、今注目されているフリー・エコノミーはもっと大きな変化を経済・社会にもたらそうとしている。たとえば太陽光発電によって生みだされる電気は、普及によってシステムのコストが劇的に下がり、IoTなどのテクノロジーによって、社会で効率的に融通し合う仕組みが構築されようとしている。この仕組みの普及と発電コストの低下を突き詰めていくと、完全フリーとまではいかなくても、現在よりはるかに安く、値段が気にならないくらい安価で電気を作り、売り買いする社会が生まれるだろう。

産業界全体を見ても、テクノロジーの進化・普及と、生産・流通・販売の効率化により、製品の限界費用（利益をぎりぎり確保できる限界のコスト）は下がり続け、ゼロに近づいていくと、ドイツの文明評論家ジェレミー・リフキンは著書『限界費用ゼロ社会』（NHK出版）の中で述べている。

それがただちに広範囲なフリー・エコノミー社会を生みだすというのは大げさにしても、企業がスケールにものを言わせて追求してきた、効率化、低コスト、低価格による価値は、もはやコモディティ化していて、消費者に価値と見なされない時代になりつつあるとは言えるだろう。企業が今のビジネスモデルを続けるなら、「安すぎて値段が気にならないくらい」まで価格を下げなければならなくなる。クリス・アンダーソンが著書『フリー』（NHK出版）の中で描いているのは、そんな産業と市場の力学だ。

消費者の反乱とテクノロジー

注目したいのは、こうした消費行動の変化にテクノロジーが大きく関与していることだ。インターネットやデジタル化技術など、ひとつひとつのテクノロジーは何年も前から存在しているが、それらが様々なかたちで融合し、産業社会に大きな影響力を持つようなイノベーションを生みだしている。

先ほど述べた自動車配車サービスのウーバー、スペースをシェアするエアビーアンドビーなど、シェアリングエコノミー型のビジネスは、アマゾンなどが提供するクラウドサービスをプラットフォームとして急速に広がった。

これらのクラウドサービスは、自社で多額のＩＴ投資をしなくても、従量制の低料金でクラウド上のシステムを使うことができる。そのサービスには、膨大なデータを保管するストレージからＡＩの活用まで、ビジネスに必要な幅広い機能が揃っている。これらを活用すれば、数人でスタートした新興企業でもたちまちユニコーン企業になれるのだ。

たとえば、ウーバーは２００９年に生まれた新しいサービスだが、セールスフォースをはじめとするパブリッククラウドの活用により、すでに世界70か国、４００の都市に広がっており、[4]「タクシー業界の破壊者」と呼ばれている。

また、３Ｄプリンタによるモノづくり支援サービスなどは、製造業のあり方を根底から変えてしまう可能性を秘めている。企業の研究開発者でなくても、技術とアイデアさえあれば誰でも自分で設計した製品をインターネットで３Ｄプリンティングサービス会社に送り、製造できる時代がすでに来ているのだ。

「たったひとりの家電メーカー」として注目されているビーサイズ（Bsize）の八木啓太氏は、開発したＬＥＤデスクライトやワイヤレス充電器が海外のデザイン賞を受賞するなど、実績もあげている[5]。

さらに、工業製品などの廃材を活用する動きも出てきており、持続可能な循環型社会を推進していくエンジンとしての可能性も注目される。

そこで使われている技術のひとつひとつは、以前からある３Ｄ-ＣＡＤや機械制御技術、材料加工技術の発展形だが、時代の変化に呼応した新たなアイデアとこれらを融合することにより、設計・開発・製造の分野に大きな革新を生みだそうとしている。

３Ｄプリンタの台頭や１人でスタートするメーカーの出現といった現象が示しているのは、消費者が自分で必要なものを開発・製造するプロシューマー層の出現だ。プロシューマーの経済活動ではメーカー企業を必要としない。今はまだ生まれたての小さな動きだが、そこには企業がモノ造りを支配するという従来の産業構造に対する反乱がある。

経済の個人主権と PtoPのコラボレーション

ユーザー自らがモノ造りの主役になるという形態は、大手企業が支配する業界ではまだ馴染みの薄いものかもしれないが、すでにＩＴの世界ではかなり前から当たり前になっている。小中学生でも魅力的なアプリケーションプログラムを創り、ユーザーの支持を集めればたちまちソフトウェア開発者、あるいはベンチャーの経営者にもなれる。

大手企業やベンチャーキャピタルの支援を受けなくても、クラウド・ファンディングで賛同者を集めれば資金は手に入るし、ソフトの開発や普及に仲間が必要ならインターネットを通じて協力してもらうこともできる。

システム業界にはＰtoＰ（ピアtoピア）というユーザー同士が直接コミュニケートすることを指す言葉があるが、システムやネットワークが当たり前になったおかげで、このＰtoＰのコミュニケーションやコラボレーションが今、社会全般に広がりつつあるのだ。

ＰtoＰの新しさは、大企業がビジネスのために構築した仕組みに頼らず、個人が自分たちの価値観・感性・意志で仲間を見つけ、互いに協力し、新しいものを生みだしていけるという点にある。このＰtoＰこそ、個人が企業主導の経済支配から独立して主権を獲得していく地殻変動の原動力である。

「革命」の予感
――水平協働型の経済・社会へ

ここまで見てきた変化はすべて、これまで産業社会構造の末端に位置づけられてきた消費者・ユーザーから生まれたものだ。しかも従来は企業が圧倒的に優位に立っていたテクノロジーを個人がしたたかに駆使して、製造・消費のイニシアチブを握ろうとしているところに大きな意味がある。

これまでも企業は消費者・ユーザーのニーズを調査し、それに合わせたモノを造り、販売しようとしてきたが、それはあくまで企業サイドの活動だった。産業主導による大量生産から、消費者オリエンテッドな多品種少量生産への移行、消費傾向のきめ細かな捕捉による開発・製造・発売サイクルの短縮、合理化によるコスト削減や低価格などは、どれだけ大きな努力を伴うものであっても、あくまで企業が主権を維持するための行動にすぎない。

今起きつつある変化で注目すべき点は、消費者・ユーザー自らが主権者として、製造・消費という経済活動の様式を変えようとしているということだ。これは産業革命以降の近代社会が初めて経験する変化であり、その意味で新たな「革命」と呼ぶべきものなのだ。

「革命」というと過激な感じがするが、すでに紹介したような多様なかたちで、経済社会に広く生まれつつある動きでもある。そこに共通しているのは、大企業支配型からＰtoＰのコラボレーション型へ、垂直統制型から水平協働型への移行・変化だ。

起こり得る存亡の危機

しかし、人類が初めて経験する変化だけに、産業界を牽引する大手企業の経営者たちは、どう対応していくか、どのように取り込んでいくべきか、方針を決めかねている。

経済の地殻変動は、兆候が目の前に見えるとしても、実際にうねりとなって自分の会社や業界をのみ込んでいくのは5年、10年先かもしれない。しかし対応の遅れが命取りになる危険性もある。

ネット通販が書店や家電量販店などの小売業界に与えた打撃を見れば、新しいビジネスがいかに従来の常識を超えたスピードで成長し、既存の業界をのみ込んでいくかがわかる。ウーバーの急速な普及が、あっというまにハイヤー・タクシー業界をのみ込んでしまう可能性は高いと言える。実際、ウーバーの出現によってサンフランシスコ最大のタクシー会社、イエローキャブが破産に追い込まれた[6]。

さらには、カーシェアリングが普及すれば自動車の売れ行きは鈍化する。個人が太陽光発電システムなどで再生可能エネルギーを安価に生みだし、PtoPで取り引きするようになれば、化石燃料や、電力会社がそこから生みだす電気は売れなくなっていく。こうした変動が産業界に与える影響は計り知れない。

特にコモディティ化した製品やサービス、限界費用が低いビジネスモデルやトランザクション（商取引などビジネス上の行動）で運営されている事業は、従来とは全く異なる仕組みで極端な低価格を打ち出してくる新たな勢力に駆逐されてしまう危険性が高い。そうしたビジネスが主力事業である場合、会社は存続の危機に陥るだろう。

こうした危機を回避し、会社を、事業を存続させるにはどうすればいいのか？　答えは明らかだ。今起こりつつある経済社会の変化に適応し、新たなモデルを取り込んでいくしかない。

企業が生き延びるための変革とは

私は外資系コンサルティング会社で8年間、起業して15年間、ロジスティクスとテクノロジーを軸として、あらゆる産業の課題解決・組織改革に携わってきた。しかし次第に顧客企業と向き合うだけのBtoBサービスに限界を感じるようになった。顧客の向こうにいる消費者と直接向き合わなければ、顧客にとって何が本当に必要なのかが見えてこないからだ。

そこで、それまでの事業とまったく関係のないスポーツとウエルネスの分野でBtoCの事業を始めた。この事業の立ち上げでまず見えてきたのは、UX（ユーザーエクスペリエンス）の大切さと、それに応えるビジネスの難しさだった。

今起きているユーザーの反乱は、彼らが企業の提供するものに価値をあまり認めなくなったことから生まれている。これまでの企業はユーザーのニーズを把握して、そのニーズを満たす商品やサービスを提供してきたつもりでいるが、それはあくまで設備や組織といった企業のリソースの都合で生みだしてきた商品・サービスにすぎない。

これからの企業はそうした既存の枠組みから脱却し、ユーザーが何に感動するか、価値を得るか、つまりUXをいかに最大化するかを基準に、ビジネスモデルを再構築しなければならない。そのためにはこれまでの産業分類が邪魔になる。

古いビジネスモデルは製造業やサービス業など、企業が効率的にビジネスを行うために専業化されている。しかし、UXを基準にビジネスを考えた場合、こうした産業の分類は意味をなさない。

ユーザーがモノを使うのも、サービスを利用するのも、自分が求める体験をするためであり、それを提供する企業の業種が何なのかは関係ないからだ。

たとえばマラソンを楽しみたいランナーにとって重要なのは、ランニングのあるライフスタイルを楽しくすることだ。シューズやウエアは製造業の管轄で、ランニングスクールはサービス業といった既存の業種にとらわれずに市民ランナー目線で製品を開発し、トレーニングやイベントをプロデュースし、ランナー専門の情報サイトやSNSを運営し、最大のUXを提供できる会社が現れるなら、それがユーザーにとってベストかもしれないのだ。

そこで私が始めたスポーツとウエルネスの新事業では、雑誌メディア、ネットメディア、SNS、ユーザー目線の商品開発、レースやスクールの企画・運営などを総合的に提供する仕組みを、ユーザー起点でゼロから作り上げた。

そこから生まれたのは、ユーザーがただ商品やサービスを買うのではなく、イベントやネットワークを通じて自分たちのコミュニティを形成し、事業を牽引していく、シェアリングエコノミー型の活動形態だった。

また、この事業では企業コンサルティング事業で磨いたIoT、AI、ロボティクスなどのテクノロジーを、BtoCビジネスの切り口から新たなかたちで活用することにも挑戦した。

このユーザー起点の仕組みと、様々な先端テクノロジーが複合的に作用するビジネスを通じて、UXを最大化するための仕組みをどうすれば構築できるか、それが単なる一企業のビジネスを超えて、どのように産業や社会のシステムを変えていくかが少しずつ見えてきたのだった（詳しくは第3章、第5章で紹介する）。

オールドエコノミーからニューエコノミーへ

これまでの経済を支えてきた企業が、新しい時代の変化に対応できずに苦しんでいる。新しいテクノロジーを大胆に活用し、新たなビジネスモデルでユーザーを獲得した新興企業に市場を奪われ、衰退していく企業、潰れてしまう企業も出てきている。

日本でもほとんどの企業が従来のビジネスモデルの限界に突き当たり、激化する競争に敗北し、衰退あるいは崩壊の危機に直面している。そして多くの企業が、これまでのやり方を変えなければならないことを感じながら、どこに問題の核心があるのか、どうすればそれを解決できるのかを理解していないように見える。

この本を通じて私は、今起こりつつある変化の先にある新しい経済がどのようなものなのか、特に日本の企業がその変化の中でどのように変わっていかなければならないかを明らかにしていきたいと考えている。そしてこの産業革命とも言える変化が、18~20世紀の産業革命のような急激な社会の変化による混乱や、富の独占・格差の拡大による闘争、国家間の戦争などを生みださずに済むこと、あらゆる人がより幸せになる豊かな社会へと移行していく変化となりうることを、明らかにしていきたい。

これから私が取り上げていく既存の産業・社会の問題点を理解し、その古い経済モデルから脱却するための方法を、先入観にとらわれることなく受け止めていただければ、新しい経済システムへの効果的な移行をイメージすることができるはずだ。

それぞれの産業でビジネスに携わる方々が、来たるべき産業革命と新たな経済モデルの構築に向けてどのように舵を取っていくべきか、どのように新しい波に乗るべきかを考え、判断していくための一助になれば幸いである。

第1章 垂直統制型から水平協働型へ

――ビジネスも社会も歴史的転換点にある

垂直統制型ヒエラルキーから水平協働型コモンズへ

今起こりつつある新しい「産業革命」は、経済・産業だけでなく、社会を根底から変えようとしている。過去の産業革命と異なり、消費者・ユーザーから生まれつつある大きなうねりに呑み込まれるかたちで、産業の仕組み自体が変わろうとしていると言ったほうがいい。だからこれまでの産業革命とは本質的に違うのだ。

最近刊行された本の中で最も刺激的な、ジェレミー・リフキンの『限界費用ゼロ社会』も、産業・経済・テクノロジーについて語りながら、結局のところ新しい社会の出現について語っている。それは欲望や利益、拡大の原理ではなく、人や組織が協働する社会だ。リフキンは「コモンズ」と呼んでいるが、近代より前、中世と一般的に呼ばれている時代までは、広く存在していた共生型の社会システムだという。つまり社会がリフキンの言う垂直統合型（及び後述する日本企業の「垂直統制型」）から、人が主役の水平協働型へ移行するということだ。

「垂直統合型」とは、原料調達や製造、物流など、関連するあらゆる事業を傘下に置く一貫体制のビジネスモデルであり、19世紀から20世紀にかけて欧米で誕生したスタンダード石油やフォードなどがこのモデルによって巨大企業へと成長した。この垂直統合型はそれまでになかったレベルの生産・経営の効率化を実現し、長く最強のビジネスモデルとして経済を牽引してきた。

一方で「垂直統制型」は、日本が欧米の垂直統合型から学んで創り出した独特のビジネスモデルだ。社員が企業・所属部署・上司への強い忠誠心で結束し、企業のために残業や転勤をいとわず無制限に働く組織や、下請け企業を強力な支配・保護関係で統括する「系列」などにより、「垂直統制型ヒエラルキー」とも言うべき体制になっている。この本でこれから述べていくように、この体制は時代が求める企業の変革、特にこれからの水平協働型への移行の大きな障害になるだろう。

垂直統合型がスケールメリットや効率の追求から生まれた合理的なビジネスモデルであるのに対して、垂直統制型は第二次大戦後に日本の企業が欧米にキャッチアップするために生まれたビジネスモデルだ。成長期においては効果的に機能したが、日本が経済大国になり、グローバルな市場で戦うようになってからは効力を失ってきた。

これに対し「水平協働型」は、ユーザーサイドから商品やサービスを考え、これを実現しようとする人たちが水平に連携しながらUXを創り出していく新しいビジネスモデルだ。垂直型（垂直統合型および垂直統制型）の企業が既存の組織やリソースを前提としたサプライサイドの論理

垂直統合型、垂直統制型、水平協働型

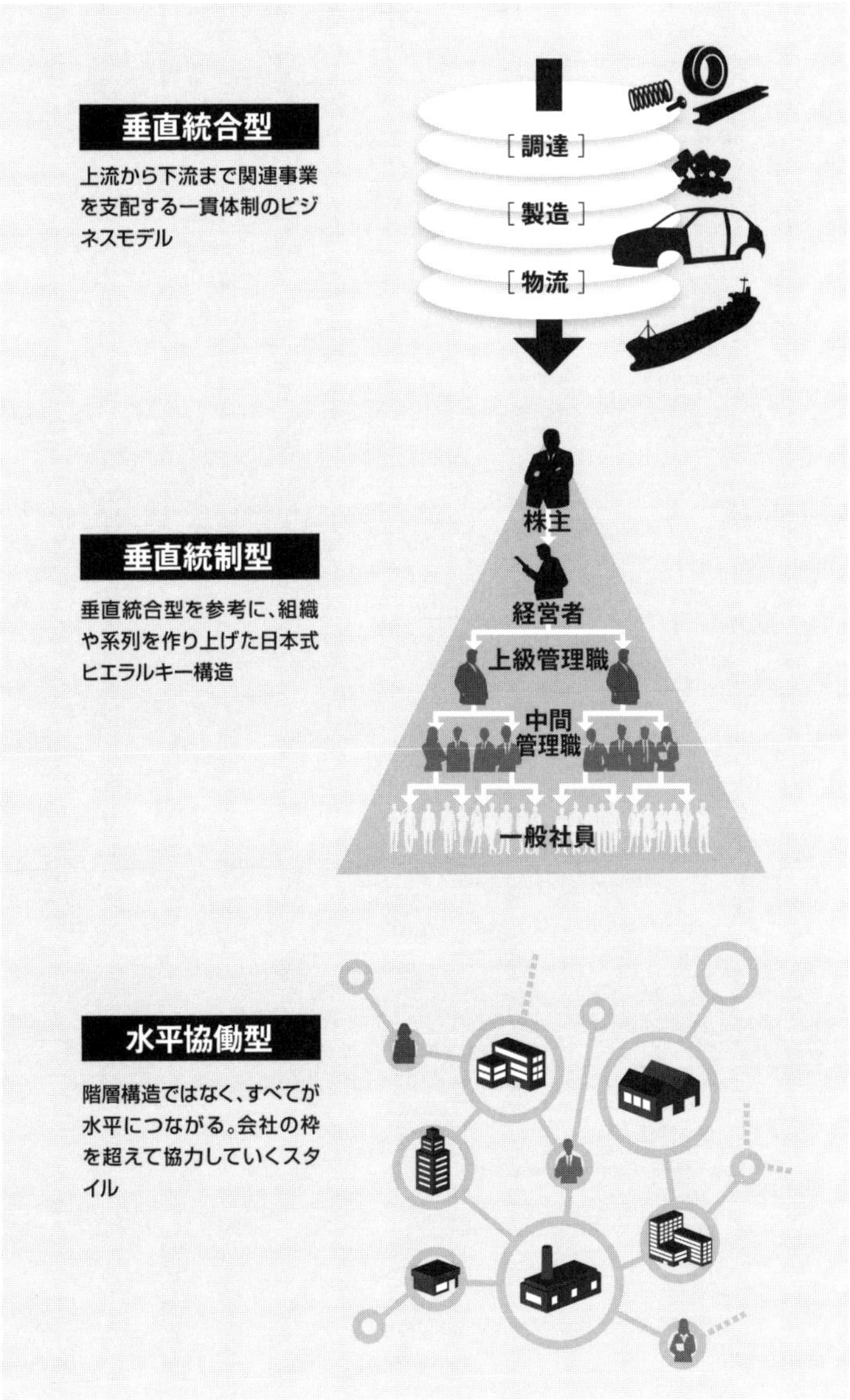
垂直統合型
上流から下流まで関連事業を支配する一貫体制のビジネスモデル
[調達]
[製造]
[物流]
垂直統制型
垂直統合型を参考に、組織や系列を作り上げた日本式ヒエラルキー構造
株主
経営者
上級管理職
中間管理職
一般社員
水平協働型
階層構造ではなく、すべてが水平につながる。会社の枠を超えて協力していくスタイル

で商品やサービスを開発し、ユーザーに提供してきたのに対し、水平協働型にはこうした前提は存在しない。ユーザーはビジネスモデルの中心に位置づけられ、事業の推進者たちはＵＸを基準に企業や業界の垣根を超えて協力し、最適のリソースを活用しながらめざすＵＸを最大化させていく。

ユーザー起点でＵＸを最大化して提供する水平協働型のビジネスモデルは、サプライサイドの論理で商品やサービスを提供する垂直型ビジネスモデルより高い支持を市場で獲得することができる。やがて水平協働型モデルが垂直型モデルに代わって市場の主役になる日が来る。

ジェレミー・リフキンはビジネスだけでなく、行政の仕組みも国や自治体が主導する垂直統合型から国民・地域住民による水平協働型へ移行していくとしている。

この革命によって資本主義経済という仕組みは衰退するかもしれないが、社会はかつての不便で不衛生だった時代に戻ってしまうのではなく、人類が進化したテクノロジーやこれまでの経験を活かすことで、より望ましい社会、多くの人が幸福を感じる社会へと変えていけるとリフキンは言う。

ピーター・ドラッカーは、２００２年にすでに『ネクスト・ソサエティ』（ダイヤモンド社）で社会が変わりつつあることの意味を強調し、「はたしてニューエコノミーなるものが実現しうるかどうかは不明である。だが、ネクスト・ソサエティがやってくることは間違いない」と語っていた。そして、この新しい社会は中世以来６００年ぶりに訪れる多元社会だと彼は言う。この点では、垂直型社会から水平型社会への移行を説くリフキンの視点と共通するものがあると言えるかもしれない。

社会・文明思想家であるリフキンは、この社会の変化の中で既存の産業・企業がどのように変わっていくべきなのかについて、具体的な提案をしていないが、ビジネスの思想家であるドラッカーは、今の企業・産業がどういう状況に置かれていて、これからどうなっていくべきかについて、彼らしいわかりやすさで5つのポイントにまとめていた[7]。

1　企業の従業員支配からプロフェッショナル主導へ
2　画一的フルタイム労働から勤務の多様化へ
3　統合的経営から分業・アウトソーシングへ
4　メーカー主導から市場主導へ
5　産業ごとの独自技術からクロスボーダー技術へ

これらは今、産業界に起こりつつある垂直統制型モデルから水平協働型モデルへの移行を裏書きしている。しかもこの変化は日本だけではなく、世界中で進行している。欧米特にアメリカにはこの変化にいち早く気づき、新しいビジネスモデルを構築している企業が次々と出てきているが、まだ一部の企業に限られている。

ユニコーン企業も変化の途上の産物

ここで一度、新しい時代を象徴していると見られているいくつかの企業について、そのビジネスモデルを検討してみよう。それは本当に新しい時代を示しているのだろうか？　新しいとしたら、どのような点だろうか？

まず序章で紹介したエアビーアンドビーはスペースを、ウーバーは車をシェアするウェブサービスだ。ユーザーがゲストにもホストにもなることができるシェアリングエコノミー型CtoCのビジネスモデルで新たなUXを生みだしたという意味では、たしかに革新的だ。ホテル業界やタクシー業界など、既存のBtoCのビジネスモデルが満たしていなかったニーズを満たし、急速に世界に広がったユニコーン企業の代表例とされている。

しかし、どちらもインターネットを活用してC（コンシューマー／消費者）をPtoPのP（Peer／ピア）として取り込むことには成功しているが、既存の広大な産業中に存在する個人（企業の従業員）を、ビジネスのピアとして取り込むことはできていない。彼ら個人がエアビーアンドビーやウーバーに参加するとしても、勤務する企業の従業員としてではなく、勤務外の単なる一個人としてであって、彼らが所属する巨大な産業構造の中にPtoPの仕組みを持ち込むような変革を生みだしているわけではないのだ。

日本では多くの小規模な旅館・ホテルがエアビーアンドビーに登録して顧客を獲得しているが、これはブランド力・宣伝力の弱い既存のBtoC企業が、エアビーアンドビーをBtoCビジネスの広告メディアとして活用しているだけだ。

つまりこれらのユニコーン企業のビジネスモデルは、ドラッカーが予言した「ネクスト・ソサエティ」への移行を実現する5大要件のうち、「1　企業の従業員支配からプロフェッショナル主導へ」と「2　画一的フルタイム労働から勤務の多様化へ」この2つを満たしたにすぎない。

したがって、これらユニコーン企業は、あらゆる産業が垂直型から水平協働型へ移行していく巨大な流れの前触れではあっても、本流ではないのだ。

他にも便利屋的な人のサービスをシェアするビジネスや、モノをシェアするビジネスなどからユニコーンと呼べる急成長企業が生まれているが、これらもそれ自体が社会を根底から変えていくほどの大きな流れにはなっていない。

これらの動きが合わさって、産業構造を変えてしまうような革命になるためには、個々の業界の枠を超えたコラボレーションが生まれる必要がある。つまりどのユニコーン企業もまだ発展途上にあり、社会を変える力になるためには、それぞれの業界の枠を壊して進化する必要があるのだ。それができなければ、それができる企業に駆逐される可能性もある。

アマゾン
――垂直統合型と水平協働型が共存

それではもう少し前、90年代にスタートしたアマゾンはどうだろう？

アマゾンはスタートからしばらくは「オンライン書店」だった。その後、少しずつ扱う商品を拡大し、販売網を世界中に拡大して、最強の「ネット通販」企業になり、既存の書店や小売業に大打撃を与えながら急成長した。ウェブビジネス最大の成功例と言えるかもしれないが、ビジネスモデルとしては垂直統合型だ。

90年代からこれまでに生まれた多くの「ネット通販」「ｅコマース」企業の中で、アマゾンが突出して大きな成功をおさめることができたのは、優秀なエンジニアを集め、ＩＣＴ（情報・通信に関する技術）を駆使してユーザーに新しい便利さを提供し続けてきたから、言い換えればＵＸを最大化してきたからだ。

たとえば、翌日配達から即日配達、1時間配達など、配達の高速化や、今注文した商品がどこにあるかまでわかる仕組み、電子書籍とその端末「キンドル」の開発など、アマゾンは常にユーザーが驚きや喜びを感じるレベルで新しいＵＸを開発・提供し続けている。つまりアマゾンは「ネット通販」企業としてモノを売っているのではなく、ＵＸを売っているのだ。

そしてアマゾンにはもうひとつの顔がある。それが２００６年に立ち上げたＡＷＳ（アマゾン・ウェブ・サービス）というクラウドサービスだ。スタート時点ではまだクラウド・コンピューティングという言葉・概念すら一般には存在していなかった。元々はネット通販事業のためにグローバルに展開していたデータセンターの有り余る情報処理能力を活用したのが始まりだと言われる。ユーザーにとってハード・ソフトの巨額な投資を必要とせず、低コストで柔軟にコンピュータの能力を活用できるとあって、このクラウドサービスはたちまち多くの企業ユーザーを獲得した。今では１９０か国で数十万のビジネス、１００万人のユーザーに使われているという[8]。

注目すべきなのは、このＡＷＳが膨大なビジネスのプラットフォームとして活用されていることだ。アマゾンがいちいちシステムを企画・提案しなくても、ユーザー側が自ら新しいビジネスモデルを考え、AWSを利用してつながり、活動を広げている。アマゾン自体のビジネスモデルは垂直統合型でも、AWSという新規ビジネスがプラットフォームとしてユーザーの水平協働型ビジネスをサポートしていくことは可能だ。

この先もアマゾンが成長していくとしたら、まだまだ変化していくだろう。巨大に成長した企業も勝利を確実にしたわけではなく、新しい社会に向けて、先を読みながら自分を変えていくしかないのだ。

グーグル
――世の中のあらゆる情報をおさえる

グーグルはネット検索を軸として、世の中の膨大なコミュニケーションから収益を得るビジネスを創り出した。ネット検索サービスはそれ以前にもあったが、ヤフーなどがポータルサイトとしてコンテンツの充実に向かったのに対して、グーグルはひたすら検索の速さ、正確さを追求し、圧倒的な勝利をおさめた。

検索という行為を基盤に、グーグルは広告ビジネスを展開して巨額の売上を上げている。さらに誰もがウェブサイトを広告メディアにできる仕組みを創り出し、幅広い企業・個人に新たなビジネスの手段をもたらした。同時にそれは既存の広告・メディア産業に大きな打撃を与えた。それまでコミュニケーションを支配していた垂直型の広告・メディア産業に対し、グーグルはインターネットを通じて人や企業が直接、水平にコミュニケートするプラットフォームを提供したのだ。

　グーグルのサービスはユーチューブによって動画共有へ、グーグルマップやグーグルアース、ストリートビューなどによって地図・空間検索へ、そしてアンドロイド（Android）によってスマートフォンへと広がった。さらにグーグルはテンソルフロー（TensorFlow）というＡＩシステムのサービスを提供しているが、膨大な情報へのアクセスは膨大なデータの蓄積を可能にし、このＡＩをより賢くすることにつながっている。

　グーグルがめざしているのは、インターネット経由で行われる世の中のあらゆる行動を把握・解析することなのかもしれない。それは人や社会の役に立つことにもつながるが、世界中のビッグデータを掌握することでさらに巨大なビジネスを生みだす可能性もある。

　また、グーグルは車の自動運転技術の開発にも力を入れている。自動運転は自動車メーカーも開発しているが、メーカーがめざしているのが新しい機能を搭載した自動車・ハードウェアであるのに対して、グーグルがめざしているのはスマートフォンにおけるアンドロイドやアプリを通じたサービスのような、新しいＵＸの提供だろう。

　インターネットから地図・空間へ、そこを走る車・人を情報端末とした、より膨大なデータ収集と解析へ、グーグルは着々とその世界を広げつつある。ビジネスモデルそのものはシェアリング型ではないかもしれないが、多くの企業や個人が行うシェアリングエコノミー型の活動をサポートするような、プラットフォームを提供することは可能だ。

ハードからソフトへ、産業の逆転

社会インフラや自動車、電気・電子機器などの産業で活動する人たちから見ると、こうした新しいビジネスモデルはＩＣＴ産業のごく一部、若者が若者のために生みだした「ネットビジネス」にすぎないと映るかもしれない。

しかし、たとえば自動車産業のような既存の巨大産業は、グーグルの挑戦に対して盤石であると言えるだろうか？　優れたエンジンの開発・製造はグーグルにはできないかもしれない。しかし、自動運転やダッシュボードを通じて提供される情報サービスはどうだろう？　自動車メーカーはグーグルが提供するような世の中のあらゆる情報、それを活用したＵＸを提供できるだろうか？

「そんなサービスや機能は買えばいいじゃないか」と自動車メーカーの人たちは考えるかもしれない。しかしそれは、かつてコンピュータメーカーがソフトウェアメーカーに対して抱いていた優越感と同じではないだろうか？　ハードウェアとしてのコンピュータはそれ自体がいかに優れていても、量産されて社会に普及すればするほどコモディティ化し、価格競争にさらされて利益を生まないビジネスになっていった。さらに、コンピュータにインストールして使うソフトウェアもやがてコモディティ化し、インターネットを通じて次々と提供される新しいサービスに主役の座を譲ることになった。

近いうちにほとんどの車はそれ自体の機能・性能以上に、ダッシュボードを通じて提供される

ＵＸが価値を持つようになる。パソコンで人とマシンをつなぐユーザーインターフェースのように、ダッシュボードのユーザーインターフェースを制した者が車の価値を決めるのだ。そうなれば、ハードとしての「ダッシュボード」はパソコンのディスプレイにすぎない。あるいはスマートフォンと併用される端末のひとつになるかもしれない。

これからは、ユーザーに最大のＵＸを提供できる産業・企業の時代なのだ。

ＧＥとミシュラン
——既存巨大企業のイノベーション

「ＵＸ創造ビジネスで成功しているのは、最近出てきたＩＴベンチャーばかりで、50年、１００年の歴史がある企業にそんな身軽なことはできない」と言う人がいるかもしれない。

しかしＵＸ創造はＩＣＴ業界だけのビジネスモデルではないし、長い伝統と実績を持つ世界的な企業でも、ＵＸの発想から新ビジネスの創造に成功している。

たとえばＧＥ（ゼネラル・エレクトリック）の航空機ビジネス。

システムコントロールフェアの記事によると[9]、ＧＥは世界の航空機エンジンの約6割を供給する世界最大の航空機エンジンメーカーだが、１９７０年代まではこの分野の弱小メーカーにすぎなかった。航空機分野でＧＥを成功に導いたのは、このエンジン製造事業に航空機リースや運行管理支援などを組み合わせた複合ビジネスの創造だった。

ＧＥはリース事業によって約１８００機を保有する世界最大の航空機リース会社になった。さらにGEはエンジンの性能を測定するシステムをすべてのエンジンに埋め込み、飛行中や空港にいるすべての航空機の移動・活動状況をモニターできるようにした。そこから得られるデータを解析することで、GEは航空会社の収益を最大化するような運行やメンテナンスをアドバイスすることができる。つまりGEの航空機事業は、航空会社をユーザーとするトータルソリューションサービスなのだ。厳しい国際競争に晒されている航空会社は、もはやこのソリューション抜きに利益を確保することは難しいとさえ言われている。

この事業によってGEは約20%という高い利益率を得ている。単なるメーカーではなく、単なる金融サービスでもなく、航空会社に航空機の運航最適化という新しいUXを提供し、新たなビジネスを確立した。そこにGEの革新性がある。

こうした革新的なビジネスへシフトしていく一方で、GEは事業の出発点となった家電事業をそっくり売却してしまった。歴史ある世界の大企業でも勝ち続けるためには、これくらいの果敢な挑戦と大胆な決断が必要なのだ。

UX提供による新ビジネス創造に成功したGE

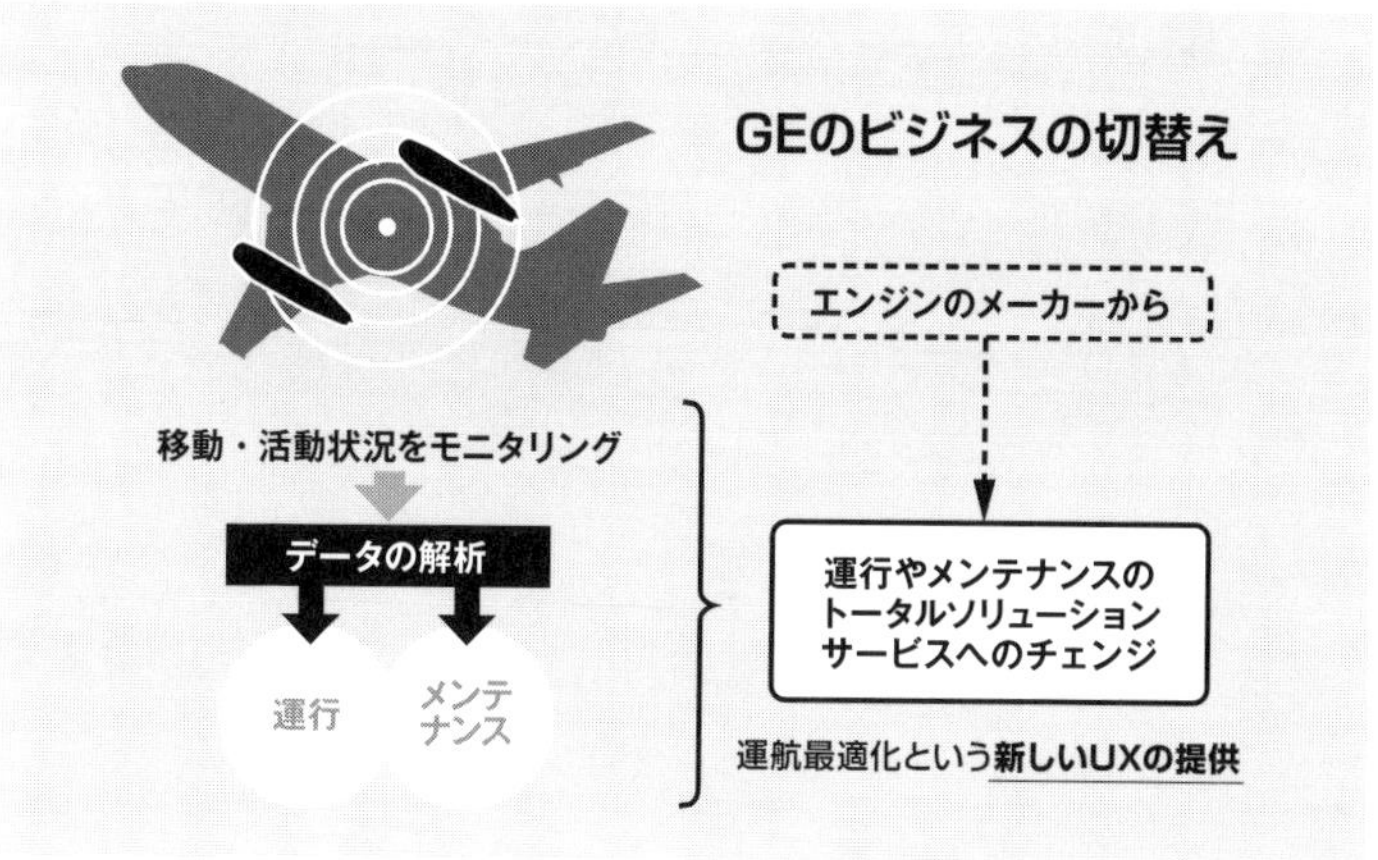

タイヤのミシュランも、運送会社向けのリース事業で新たなビジネスモデルの創造に成功している。元々タイヤの製造販売は、製品を販売したところでバリューチェーンが終わってしまうビジネスだった。ミシュランはこれを走行距離で課金するサービス業に変えたのだ。ただタイヤをリースするだけでなく、使用されているタイヤをモニタリングし、メンテナンスやコストなどの一括管理も行う。これでユーザー企業にも単なるリース以上の付加価値が提供される。こうした新たな価値の提供は、GEの航空機事業と共通していると言える。

GEの航空機ビジネスは航空機産業内のBtoBから、航空業界のBtoBへと拡大し、市場・顧客は上流から下流へと大きく広がったが、BtoBビジネスであることに変わりはないし、垂直統合型ビジネスモデルであることも変わらない。この先、さらにGEが企業・業界の枠を超えた水平協働型のビジネスモデルへと移行するのか、なるとすればどのようなかたちでそれが行われるのかはまだ見えていない。

ミシュランの運用支援サービスも、タイヤを製造して流通ルートに流すBtoBビジネスから、ユーザーである運送会社を対象としたBtoBビジネスへ、つまりBtoBの範疇でユーザーに直接アクセスできる分野に進出したにすぎない。この先さらに他のユーザー・市場へ拡大展開できるのか、そのためにどのようなビジネスモデルが新たに構築されるのかは未知数だ。

しかし、これら20世紀の産業を牽引してきたメーカーが、モノを造って売る既存のビジネスモデルから、従来の顧客や市場の先にいるユーザーに体験価値を提供する新たなビジネスモデルへ、部分的にせよ移行を開始したことは注目に値する。

垂直統制型モデルの極限
——トヨタ

日本企業の中で今も企業価値やビジネスモデルをグローバルに維持している企業は極めて少ないが、その代表がトヨタであることに誰も異論はないだろう。なぜトヨタはその地位を保ち続けているのか？

簡単に言えば、造れるだけ造るプロダクトアウトの生産方式を、マーケットインの「都度生産方式」、つまり必要になった分だけ造る方式に変えるという自動車生産の革命を成し遂げたからだ。これによってトヨタは生産のプロセスに隠れていた膨大なムダをなくし、究極の効率化を実現した。そしてGMなど世界の巨人に勝っていった。これは世界の製造業の歴史に名を残す

フォード型大量生産と、トヨタかんばん方式の違い

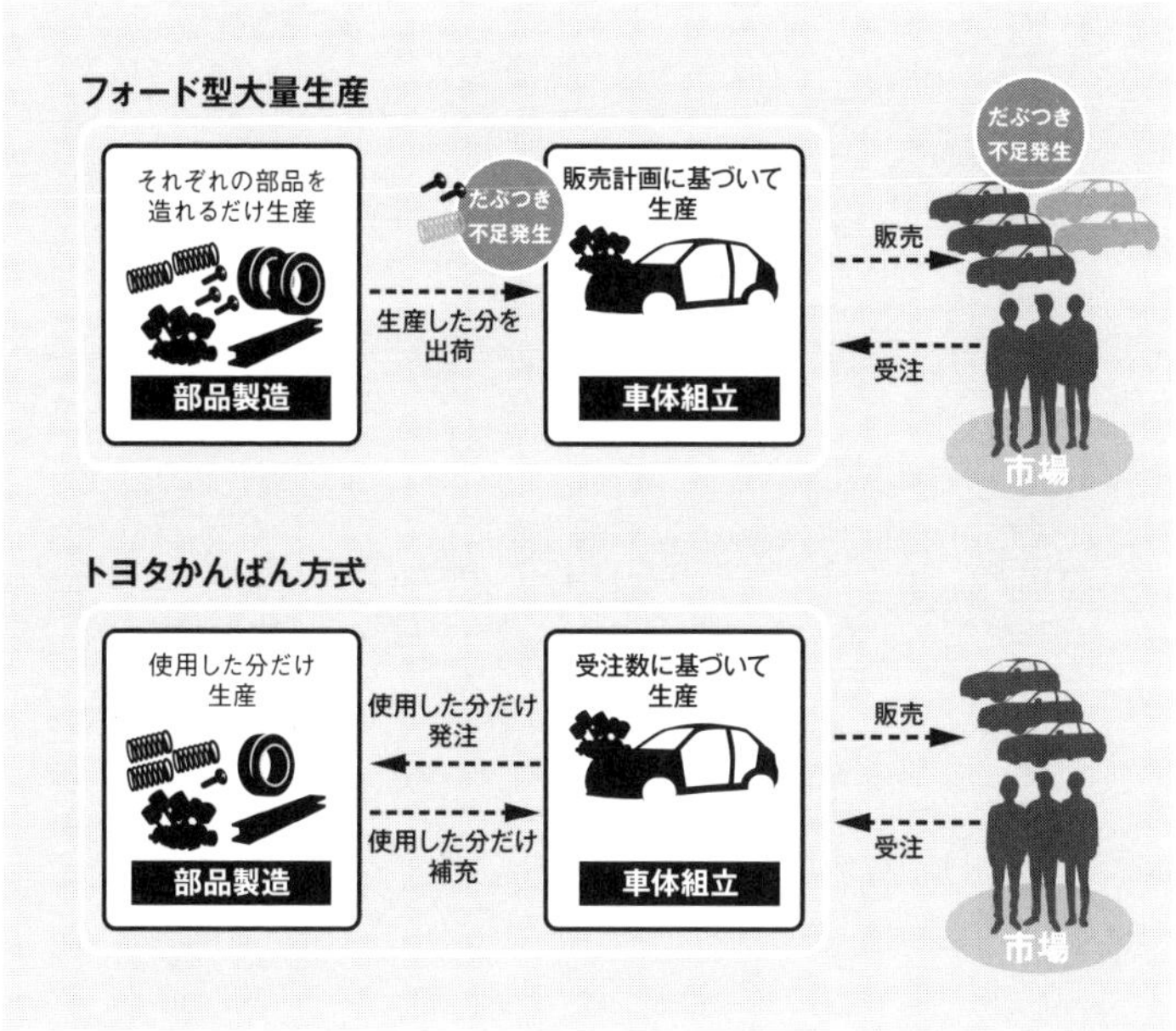

偉業だ。

トヨタがこの革命をスタートさせたとき、世界の自動車産業はまだ大量に造って市場に流すフォード型の大量生産モデル全盛の時代だった。トヨタはその発想を完全にひっくり返したのだ。それはモノ・ハードから、工夫・ソフトへの転換であり、まさに革命と呼ぶに値するものだった。

トヨタ生産方式でよく知られているのは、あらゆるムダを見つけ出し、なくす努力を続けるという基本理念や、必要なものを、必要なときに、必要なだけ調達し、造るという「ジャスト・イン・タイム方式」、そしてその核となる「かんばん方式」だ。

「かんばん方式」とは部品を入れた箱に「かんばん」と呼ばれる札をつけて、部品・製品の在庫管理をしたことに由来する。簡単に言うと、組み立ての現場は部品倉庫から箱単位で部品をとってきて組み立て、箱が空になったらまた部品倉庫にとりにいく。部品の現場は箱が減った分だけ部品を造る、あるいは協力メーカーから調達する。この箱の移動を「かんばん」の受け渡しで管理する。

いかにも現場ならではの素朴な管理方法だが、この単純明快な仕組みによって、数万点という部品からなる自動車という製品を売れた分だけ造り、膨大な部品を使った分だけ造る、補充するという、極めて複雑な工程を極限まで合理化することができたのだ。

それまでのフォード型生産は原料も部品もとにかく造れるだけ造り、加工し、組み立て、製品として市場に送り出すという方式をとっていたのだが、作業のスピードは工程によって違うため、現場のいたるところで材料・部品のだぶつきや不足が起きていた。

ヘンリー・フォードの時代はそれでも製品が圧倒的な競争力を持ち、造れば造るほど売れたから、そうしたおおざっぱなやり方でも莫大な収益を上げることができた。しかし、自動車メーカーの競争が激化し、市場ニーズも多様化して生産する車種も増えてくると、ロスをなくすことが大きな意味を持ち始めていた。

かんばん方式は、生産のジャスト・イン・タイム化を推進した大野耐一が、アメリカのスーパーマーケットの話を聞いたときに思いついたという。大野は、必要なものを色々な売り場から必要な分だけ必要なときにとってくることができるスーパーマーケットの売り場を生産の前工程、お客を後工程に置き換えれば、こうしたロスを減らすことができると考えたのだ。経営陣が現場をよく知っていて、「何が問題か」「どうすればよくなるか」を常に考えているところにトヨタの強さがある。

常に生じるあらゆるムダを徹底的になくす努力、その一環としての「カイゼン」もトヨタの成功によって日本のあらゆる産業に広がった。

トヨタの先にあるもの

もちろんこれは、ただシステムを作れば機能するものではなく、労働者の高い責任意識や勤勉さ、ホワイトカラーとブルーカラーのハイブリッドとも言える日本独特の労働者による創意工夫があって初めて可能になる。

トヨタ生産方式はアメリカの研究機関や産業界でも注目されて研究・導入が進み、「カイゼン」

などは英語にもなったが、根底には会社への忠誠心や自発的に創意工夫する文化など、日本独特の文化がある。制度・システムとして固定せず、ボトムアップで常に新たなムダを見つけ、なくし続ける永久革命的な努力は今もトヨタの大きな武器だ。

しかし、ここでもう一度思い出してほしいのは、このトヨタもあくまで垂直構造の中で進化を遂げた企業だということだ。産業側から製品を一方的に造って市場に流すフォード型のプロダクトアウトから、市場が必要な分だけ必要なものを造るマーケットインへの転換は、たしかに大きな革命だったが、企業としての形態はあくまで垂直統制型モデルの範疇にある。

消費者・マーケットへの対応は垂直の作業の連鎖、垂直のモノの流れの制御によって行われる。これを統制しているのはあくまで企業だ。いくらユーザーのニーズを調査して、よい商品を開発・製造しても、それはあくまで垂直統制型メーカーの組織や設備を前提としている。そこから生まれてくるのはよく売れる量産品であって、UXの時代のユーザーが求めている体験ではない。求めているUXは必ずしもトヨタの利益を最大化するような製品を買うことではない。時代はもうその次の段階へと移行しようとしている。

これからのユーザーは多様な楽しさを体験するために、限られた車を所有するよりも、色々な車をシェアすることを選ぶかもしれない。そういうUXにおいては「どのメーカーのどんな車に乗るか」ではなく、「車に乗ってどこに行き、何をするか」が重要になる。ユーザーは自分たちで情報を集め、魅力的な旅やドライブを企画し、参加者を募り、イベントとしてそれを楽しむようになるかもしれない。ユーザーのそうした行動をサポートするサービス、彼らの想像力や行動力を上回る魅力的なUXを考え提供してくれるサービスがあれば、それが新しいビジネスとして成長するかもしれない。イベントに最適な車やアクティビティーのツールなどはそのつど変わるから、それらを買って所有するよりシェアしたほうが合理的だ。

製品の開発・製造のかたちも変わりつつある。テスラモーターズのようなベンチャーが、時代のニーズに即した電気自動車を大手メーカーよりはるかに素早く開発し、商業化に成功しているのを見ても、巨大化したメーカーの弱点と、これからの製造業の方向性がわかる。テスラモーターズ自体がシェアリング型のビジネスモデルであるとは言わないが、少なくとも様々な技術や設備を持つ企業と水平連携して、大手メーカーにない開発スピードや新たな市場開拓を実現していることは否定できない。

さらに序章で紹介したネットワーク型・シェアリング型の技術による、はるかに機敏で自在な開発・生産モデルが社会に広まっていけば、垂直型メーカーの開発・調達・生産モデルは過去のものになり、機敏なベンチャーによるビジネスが、新たな可能性を提示するようになるだろう。そこでは「自動車産業」という区分や巨大な組織・設備はあまり意味を持たない。現にグーグルやアップルのような「ＩＴ」に分類されてきた企業が、そのＩＴを武器に自動車に新たな価値を加えたサービスに参入しようとしている。

おそらくこうした「ＩＴ企業」の自動運転がめざしているのは、自動車というハードウェアに新たな機能を組み込むことではなく、自動車に乗る人間の体験を新しい次元に進化させることなのだろう。それを可能にするのはソフトウェアだ。かつてコンピュータでハードからソフトへ主権が移ったような大転換が起き、自動車に関わる付加価値の大きな部分をそうしたソフトウェアが担うようになる可能性は十分にある。

その先にあるのは、産業界の枠を超えた消費者発信のサービスだ。やがて消費者は自ら考えたアイデアで、多くの商品やサービスを作り、シェアし、活用したいと考えるようになるだろう。そのときの主役は大手メーカーでもベンチャーでもなく、消費者だ。彼らをより満足させるようなサポートを提供できる企業・組織だけが存続できるだろう。

自分の都合で作れるだけ作り市場を支配した鉄鋼や自動車の巨大メーカーが、やがて市場に求められるものを求められる分だけ求められたときに提供するメーカーへと生まれ変わらざるを得なかったように、企業・産業が市場・社会と一体になって消費者・ユーザーをサポートするサービス機関へと生まれ変わらなければならない時代が近づいている。

UXの時代を制する水平型コラボレーション

かつて世界の市場で大きなシェアを獲得し、日本の経済を牽引してきた多くの大手メーカーが現在、トヨタなど一部の例外を除き、業績の不振にあえいでいる。中国やインド、韓国、台湾など新興国メーカーとの低価格製品にシェアを奪われていることも大きな要因だが、より深刻な問題は、日本のメーカーの強みとされてきた高機能・高性能な製品が、かつてのようにユーザーの支持を得られなくなっていることだ。その典型的な例が電機メーカーだろう。かつて各社が世界のトップシェアを争っていたテレビなど多くの製品分野が、その優位を失ってしまった。

これと対象的なのがアップルだ。その製品はスマートフォンやパソコンなど日本のメーカーも造っているものだが、世界の市場で大きな支持を獲得し、誰もが知るトップ企業になった。その違いはどこにあるのだろう？

アップルもハードウェアの性能には日本のメーカーに負けないくらいこだわっている。たとえばアイフォーンは4Sの時点で80年代のスーパーコンピュータ、クレイ ツー（Cray-2）と同レベルの性能があり、写真や動画の画質、画面の美しさ、処理の速さなどもハイレベルだ。

だがアイフォーンの特徴は機能・性能ではなく、それを活かしたUXを徹底的に追求し、実現している点にある。アップルの製品はデザインがシンプルで使いやすく、直感的に操作できる。日本製品のように詳細な取扱説明書はないが、シンプルなボタンや画面に触れながら、自然と使えるようになる。使えば使うほど自分に馴染んできて、愛着が湧いてくる。高機能・高性能を意識せずに使い、生活を楽しくすることができる。ユーザーそれぞれが自分なりの楽しさや感動を創り出し、味わうことができる。

アップルはこうしたUXを創り出すために、ハードウェアの細部まで徹底的にこだわる。このこだわりはアップルをUX追求企業に育て上げたスティーブ・ジョブズから始まっている。

ジョブズはデザインの色やかたち、質感などあらゆる要素にこだわり、材料やフォルム、色などの膨大な候補を検討し、デザインへと煮詰めていった。こうしてアップルのハードウェアは単なる製品、電子機器ではなく、ユーザーが保持していること、眺めたり触れたり操作したりすることに喜びが味わえるような「もの」になった。

このこだわりは今のアップルにも生きている。たとえばアイフォーン7で登場した新色「ジェットブラック」は磨き上げたガラスのような光沢を持つ独特の質感が圧倒的人気を呼んでいるが、これは精密な9段階の酸化皮膜処理と研磨加工を施すことによって生まれている。[10] こうした手間を惜しまないこだわりの中に、アップルが魅力的なUXを創り出すことができる秘密が詰まっているのだ。

アイフォーンはPC並みに高価格だが、世界の市場で高いシェアを維持しているのは、ユーザーが納得できるだけの価値を提供しているからだ。日本製より低価格な新興国製品が多いアジア市場でも、アイフォーンは価格競争とは別の次元で支持されている。

さらにアップルが優れているのは、垂直統合型のビジネスモデルに水平協働型の仕組みを加えたことだ。アイフォーンを世に送り出したとき、アップルはアプリケーションソフトの開発に画期的な方法を採用した。ソフトウェアベンダーのような専門的な技術や開発環境がない一般人でも開発ができるプラットフォームを用意した。無料のアイフォーンアプリ開発ソフトXコードをアップルストアからダウンロードし、アップル・デベロッパー・プログラムという開発を支援するシステムに登録すれば、アプリの開発ができるオープンな仕組みになっている。

開発したアプリはアップルの審査を受け、これにパスすればアイフォーンやアイパッドなど世界中のiOS利用者に公開・販売される。このオープンな仕組みによって、世界中から膨大なアプリが登録され、多彩なUXを提供することができる。中にはアマチュア開発者も多いが、彼らの多くは自身がユーザーであり、プロの開発エンジニアにはない発想から次々と魅力的なアプリを考えだし、ユーザーに新しいUXを提供する。ユーザーが商品開発・販売者にもなれるこの水平でオープンなアプリ開発は、アップルが作り出すUXの不可欠な要素になっている。

電子機器メーカーとしてのアップルは、中国などの下請けメーカーを統制する垂直統合型ビジネスモデルで運営されているが、アプリのオープンな開発プラットフォームによってアップルは、水平協働型のビジネスモデルを加えることができた。垂直統合型と水平協働型を組み合わせることによって、アップルは時価総額世界一の企業になることができたと言っても過言ではないだろう。

しかし産業界の大きな流れにおいて、この組み合わせモデルがアップルの最終進化形ではないだろう。アップルのCEOティム・クックは「スマートフォンはまだ草創期にある」[11]と語っているが、それはアイフォーンがこの先さらに大きく進化するということであり、アップルのビジネスモデルも変わっていく可能性があるということでもある。

これからは垂直統合型の組織やリソースを全く持たない、ユーザーが自分で商品やサービスを創り出す、完全に水平協働型のビジネスモデルが広がり、より効果的にUXを創造・提供するようになる。アップルの例で見たように、ユーザーのオープンな水平協働は、従来の垂直統合型・垂直統制型のビジネスモデルよりはるかに効率的・効果的なUX創造の仕組みだからだ。

ウーバーやエアビーアンドビーのようなユニコーン企業はその先駆けだが、その先にはもっと広大な産業分野で水平協働型のビジネスモデルが出現し、次の時代を制することになるだろう。

システム投資に見る日本企業の問題

もうひとつ、興味深い資料がある。43ページのグラフは、1980〜2006年の日本とアメリカのソフトウェアへの投資額構成を、自社開発・外注・パッケージという3つのタイプ別に整理したものだ。これを見ると、アメリカの企業が3つのタイプをバランスよく組み合わせているのに対して、日本の企業が極端に外注に偏っているのがわかる。

これは何を意味しているのか?

アメリカの企業は事業の競争力につながる分野と、ビジネスの仕組みを効率化する部分の両方をシステム化し、前者にはICT技術者を雇用して自社でシステム開発を行い、後者はシステムインテグレータ(SI)に外注するか、リーズナブルなパッケージ製品でまかなうという、バランスのとれたシステム投資を行っている。

これに対して日本企業のシステム投資は、ビジネスの仕組みを効率化する部分に極端に偏っている。たとえば従来、部門最適で行っていた業務を全社で統合・標準化し、効率化をはかるといったシステム化だ。こうしたシステムは自社で技術者を抱えて開発しなくても、コンサルティングファームやSIに外注したほうが効果的に構築できる。

しかし、自社の競争力の源泉となるようなシステムは、事業部門と一体でなければ創り出すことができない。それはまだ存在しないビジネスモデルやサービスを創造するイノベーションの一環だからだ。

アメリカでは多くの企業がこうしたイノベーションを実現するために、金融業界などから優秀な技術者を獲得した。これによって単なる業務効率化のシステムではなく、事業やサービスの競争力・価値を支えるアルゴリズム(システムの根幹となる数学的な仕組み・手順)を生みだすことができるようになった。中にはそこで培った技術でIT事業を興す企業もあるほど、イノベーションに成功した企業のITは高度なものになった。

これに対して、日本の企業は人の知恵で競争力を生みだしてきた。かってはそれで世界との競争に勝ってきたために、ソフトウェアのテクノロジーが育たなかったと言える。しかし、これからの時代に求められるＵＸビジネスは、そのビジネスモデルやサービスを支える固有の優れたシステムがなければ成立しない。

先に紹介したように、欧米ではＧＥやミシュランのような長い歴史を持つ巨大企業であっても、既存のビジネスモデルから脱却し、ＵＸを基準に新たなビジネスモデルを構築している。革新が進んでいるのはまだ事業の一部かもしれないが、すでにニューエコノミーにおけるビジネスモデルのありかたをつかみ、移行をスタートさせているのだ。

そこには新たな事業ビジョンや戦略、そのために既存の仕組みを大胆に破壊し、再構築する潔さがある。新たなビジネスモデルを生みだすために欠かせないテクノロジーもしっかり組み込まれている。

たとえばＧＥが航空機関連事業で、エンジン製造

外注に頼る日本とバランスが取れたアメリカ

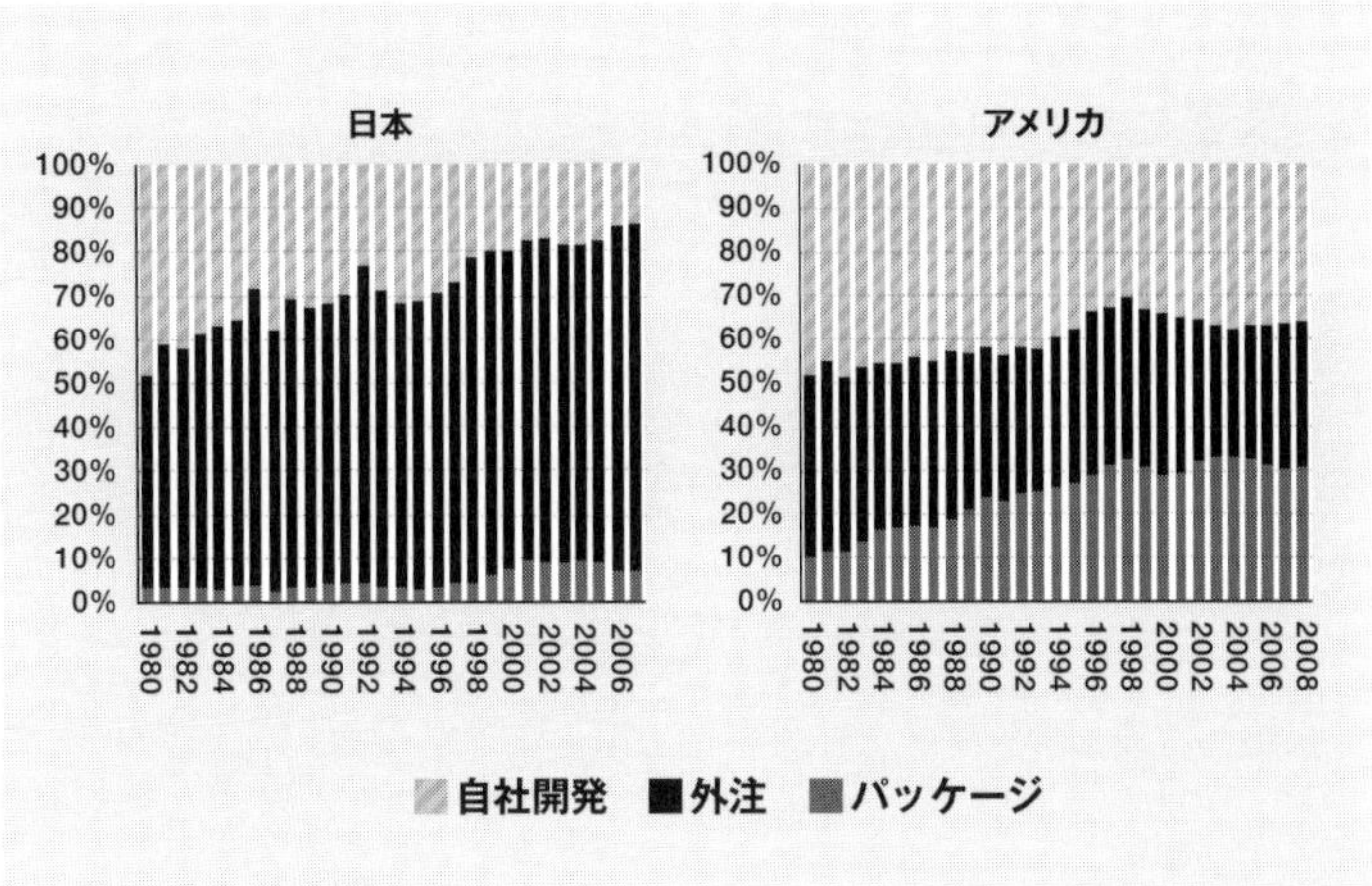

（引用文献）日本銀行ワーキングペーパーシリーズ　ITと生産性に関する日米比較：マクロ・ミクロ両面からの計量分析

と航空機運航最適化サービスを融合させたようなビジネスは、ＩｏＴや高度な解析能力を持つ独自システムなしには成り立たない。事業戦略の立案能力だけでなく、ＩＣＴの高度な戦略立案能力やコアとなる技術を自社で持っていなければ、こうしたイノベーションを生みだすことは不可能だ。

システム開発のほとんどすべてをコンサルティングファームやＳＩベンダーに依存してきた日本の企業に、ＩＣＴ活用によってイノベーションを生みだし、新しいビジネスモデルを構築することができるだろうか。

クロスオーバーで進化する技術が業界・業種の垣根を消す

最後にもうひとつ、産業界で80年代以降に起きた大きな変化は、技術の多様化、技術分野のクロスオーバーだ。それまでの産業は分野ごとに使用する原料や加工技術がほぼ決まっていた。だからひとつの企業がすべてを内製することが競争力を生んだ。ところが80年代以後は、思いがけない分野の技術が突然自分の産業の技術と結びついて大きなイノベーションを興すようになった。

たとえばプラスチック。それまで金属しか使えないとされていた工業製品向けの部品に次々とプラスチック素材が使われ、自動車の軽量化、省エネ化に大きく貢献している。中でもエンジニアリング・プラスチックは、強度や耐熱性、耐摩耗性などの性能を飛躍的に高め、家電製品の歯車や軸受け、自動車のエンジンまわりなどにも使われるようになった。

通信の情報伝送能力に革命を興したグラスファイバーも、通信業界とは何の関係もないガラス業界から生まれた。電気自動車や燃料電池自動車の性能向上でカギになるリチウムイオン電池、燃料電池のコア技術は化学だ。排出ガス低減はプラチナなどの貴金属と化学系技術がカギを握っている。

こうした技術の突然の変化は、それまで企業の強みだった一貫体制に風穴をあけてしまう。そのため、業界を超えた水平型ネットワークを構築し、活用することができなければ、企業は生き残ることができない。

つまりこれから訪れるのは、「○○業」「△△屋」といった定義が当てはまらない企業の時代、業界・業種の垣根がない産業社会なのだ。この変化は製造業だけでなく、あらゆる産業で起こりつつある。いや、産業だけではなく、社会全体で生まれつつあると言ったほうがいい。

この新しい社会では、電気を作って売るのは個人でもいいし、メーカーでもいい。旅行者を泊めるのはホテルや旅館でもいいし、個人でもいい。人やモノを運ぶのは交通機関や運送業者でもいいし、ちょうどトラックや倉庫に空きが出たメーカーでもいいし、時間と車があいている個人でもいい。

古い産業の枠組みが通用しないこれからの時代に、社会のニーズに応え、成長していくのは「何屋」でもない企業だ。その中から社会を変えていく新しいパワーが生まれてくるだろう。

第2章　あらゆるリソースがIoTでつながる
──水平協働型シェアリングエコノミーの到来

あらゆるものに偏在するコンピュータ

新旧のビジネスモデルについて説明したところで、次に新しいビジネスモデルを実現するために必要な手段を紹介しよう。

新しい産業革命で実現するのは、簡単に言うと企業や業界の枠を超えて、あらゆる人がネットワークでつながり、経済の担い手になる社会だ。そこでは人だけでなく、モノ・材料・部品・製品、スペース・施設、仕事・作業、車・輸送手段など、企業や社会のあらゆるリソースがIoTによってつながり、ロジスティクスの新たな仕組みを構築して、必要な経済活動を行う。

IoT（Internet of Things）はいわゆる「モノのインターネット」、世の中のモノがインターネットでつながり、互いに情報交換や制御をする仕組みだ。これまで工場の製造管理やビルのセキュリティ管理など、閉ざされた設備の中で限られた設備やモノの監視・制御を行う仕組みは存在したが、ＩｏＴはインターネットという開かれた仕組みによって、すべてのリソースをつなぐことができる。インターネットが、あらゆる情報がやりとりされる社会的な仕組みになったように、ＩｏＴはあらゆる社会活動、経済活動に関わり、支える仕組みになっていこうとしている。

ＩｏＴは何がどこでどんな状態にあるか、どこのスペースや車、スタッフがどれだけ空いているか、リアルタイムで把握し、必要に応じて活用することを可能にする。これまで会社や公共機関などがピラミッド型の情報システムで管理してきたリソースが、組織の枠を超えてつながり、最適な効率で融通し合えるようになる。

さらに、そこで融通し合えるモノやスペースや車やスタッフの労働力は、企業・産業界だけに留まらない。広く社会全体に存在するあらゆるものがリソースになりえる。これがＩｏＴによる新たなロジスティクスだ。このロジスティクスは、垂直統制型ビジネスモデルの非効率を解消し、企業と産業界に新たな活力を生みだしていくことになる。

「ＳＦじみた未来像だ」と言う人がいるかもしれない。しかし実はすでにこうした新しいエコノミー社会を可能にする技術やデバイス（機器）、サービスが次々と生まれ、多くの人や企業に活用されているのだ。まず、それらがどれだけ手軽で身近なものなのかを見ていこう。

たとえばラズベリーパイ（Raspberry Pi）。プリント基板がむき出しの小さなシングルボードコンピュータだ。透明なプラスチックのケースに入ったものもある。重さは7～45グラム。大きさはＵＳＢメモリに近いものからもう少し大きいものまでバリエーションがあるが、どれも側面に設けられたＵＳＢポートやカードスロットが大きく見えるくらい小さい。価格も１０００円を切るものから５０００円前後まで様々なタイプがネット通販で売られている。５ドルＰＣとして話題になったラズベリーパイ・ゼロは、ネットであっというまに売り切れになった。

このラズベリーパイはイギリスのＮＰＯラズベリーパイ財団が、子供のコンピュータ科学教育推進などを目的に開発したものだが、現在は世界中で大人も子供も関係なく、自宅の遠隔監視装置や自作のロボットなど、ＤＩＹで作る様々な機械のコントローラとして使われている。最近は特に電子機器マニアでなくても、こうした超小型コンピュータを使って、ペットの状態を外出先から見たり、定期的にエサを与えたり、鉢植えの植物に水をやったり等々、様々なシステムを作る人が増えているようだ。

ラズベリーパイ以外にも、アルデュイーノ（Arduino）、ハミングボード（HummingBoard）、ビーグルボーン（BeagleBone）などのシングルボードコンピュータが発売されていて、安さや軽さ、ネットワーク接続性、拡張性など、それぞれ特色がある。

私が注目するのは、これらのシングルボードコンピュータが、値段を気にしなくていいくらい安いこと、どこでも装着できるほど小型軽量であること、そしてＵＳＢやＳＤカード、映像・音声の入出力ポートなどにより、幅広い情報を処理できる構造になっていることだ。

たとえばカメラと接続すれば、離れたところから部屋の中を24時間監視することができるし、温度・湿度センサーなどで部屋の状態を測り、温度・湿度を一定に保つこともできる。可燃ガス・煙センサーをつければ自前の防火装置を造ることもできる。ネット通販では、温度・湿度・可燃ガス・煙センサー、さらには土壌湿度センサー、タッチセンサー、光センサー、マイク・サウンドセンサーなど20種類のセンサーモジュールが、ラズベリーパイとセットで3000円台という安さで売られている。
あらゆるものにセンサーをつけ、ネットワーク接続した超小型コンピュータで、いつでも好きな場所から必要な情報を収集し、監視したり、操作したりできる。私たちが生きているのは、そういう時代なのだ。社会のいたるところにコンピュータが偏在し、自由に情報をやりとりできる「ユビキタスコンピューティング」という概念は90年代から存在したし、家や家具、家電などあらゆるものにコンピュータが埋め込まれて生活を便利にするエンベデッドシステムという考え方も80年代から提唱されていた。だがそれが今、企業だけでなく個人でも構築できるほど手軽なものとして実現しつつあるのだ。

ラズベリーパイ（Raspberry Pi）

©SEAOS Inc

個人の部屋からIoTが始まる

このシングルボードコンピュータの普及が意味しているのは、先端的な研究機関や大手コンピューターメーカー、システム会社が提唱・主導しているのとは別のIoTが、すでに個人レベルで始まっているということだ。

こうしたIoTの動きと関連してもうひとつ注目されるのは、IoT専用の格安通信サービスが誕生したことだ。それが2015年秋にスタートしたソラコム（SORACOM）だ。

IoTにはネットワーク接続が欠かせないが、既存の通信サービスを使うとどうしても通信料が高くなる。ところがソラコムの通信は、NTTドコモの基地局に接続されたあと、ドコモのデータセンターを経由せずに、アマゾンのクラウドサービスAWS（アマゾン・ウェブ・サービス）に接続され、ソフトウェアによる仮想専用線でインターネット接続される。

通信会社のデータセンターを経由する通常のモバイル通信は、音声や動画など大容量のデータを高品質でやりとりするというニーズに対応できるようになっている。しかし、IoTのMtoM通信（マシンtoマシン、つまりデバイス同士をつなぐこと）でやりとりするのは、モノがどのような状態にあるかを数値化した容量の小さいデータなので、そういう大容量の通信機能は必要ない。そこでソラコムはアマゾンがAWSのために確保している膨大な通信能力の一部を格安で借り、IoTユーザーに提供するという通信サービスを作りだしたのだ。

自前のデータセンターを構築するには莫大な費用がかかるが、AWSのサービスを利用すれば利用した分のコストを負担するだけで済む。ソラコムの利用者が増えていくスピードに合わせて柔軟に対応できるというスケーラビリティの面でも優れている。データセンターにかかる莫大な投資を、ＡＷＳのサービスによって変動費化することで、通信料を極めて安く設定することができ、ユーザーにとっても大きなメリットがある。

しかも、携帯電話のようにＳＩＭカードを挿入する方式なので、スマートフォンはもちろん、ラズベリーパイのマイクロＳＤカードに対応した機種など、シングルボードコンピュータでも通信端末になる。ＡＷＳのクラウドサービスが使えるので、データの蓄積や解析、転送なども格安でできる。

ソラコム（SORACOM）通信の仕組み

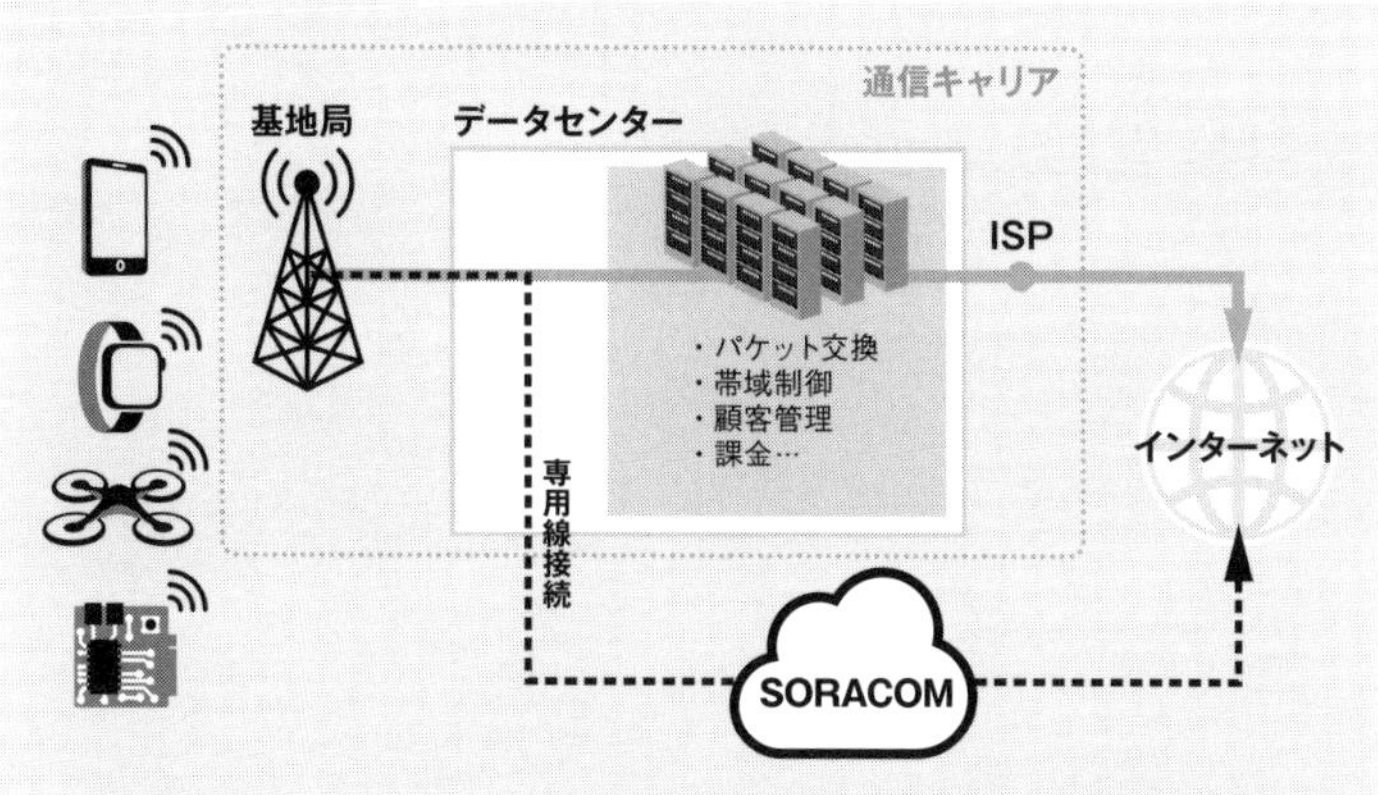

これまでのモバイル通信は人が使うことが前提だったため、単価が高く設定され高速な通信特性を持っていた。そこにモノのインターネットであるIoTに特化した通信の仕組みのSORACOMが誕生。データセンターを経由せず、ソフトウェアに置き換えることで低コストで大量のモノとつながる通信方法が登場した。

膨大なモノの情報をやりとりできるIoT時代の通信環境が整いつつある

こうしたソラコムのようなMtoM通信専用の通信サービスが出現したことは、日本のIoTにとって追い風だが、MtoM通信を効率的に実現できる通信規格の整備も進んでいる。

このうち最も大きな意味を持つのは、IEEE802.15.4という通信の標準規格が導入されたことだ。[12] 日本ではIEEE802.11で無線LAN（いわゆるWi-Fi）の使用が可能になり、さらにIEEE802.15.1でブルートゥース（Bluetooth）が使用可能になった。これらが大容量・高速のブロードバンド通信に対応しているのに対して、IEEE802.15.4はナローバンドにも対応している。

たとえばIEEE802.15.1のブルートゥースの周波数帯が2・4GHzであるのに対して、IEEE802.15.4は2・4GHzのほかに920MHzがある。後者は通信容量が小さいものの、約10キロメートルと広範囲の通信ができる。つまり無線LAN／Wi-Fiは建物内、ブルートゥースは室内など、通信できる範囲にあった制約がIEEE802.15.4によって大幅に解消されたのだ。また、IEEE802.15.4のナローバンド通信は、通信機器の消費電力も飛躍的に抑えることができるという特長を持っている。

Wi-FiやブルートゥースでMtoM通信を行うと、通信範囲が建物内・室内に限られ、建物・部屋ごとにコンピュータを設置して、インターネットにつながなければならないだけでなく、モノをセンシングする膨大な数の機器の消費電力が負担になる。これがIEEE802.15.4のナローバンド通信に置き換えられれば、広範囲のMtoM通信をカバーでき、消費電力も抑えられる。しかも、IEEE802.15.4は免許不要なので、10キロメートルという範囲をカバーできるにもかかわらず、Wi-Fiやブルートゥースと同様、手軽に導入することができる。

IoTのMtoM通信では、モノの状態をセンシングし、数値化されたデータとして1分間に1回、1時間に1回など、定期的な自動送信が大きな比重を占める。ここにブロードバンド通信を導入しても、パワーの無駄遣いになるだけだ。IEEE802.15.4のナローバンド通信は、無線LANやブルートゥースに比べて広範囲のMtoM通信を、圧倒的な低コスト・高効率で実現することができるのだ。

ブロードバンド通信とIEEE802.15.4のナローバンド通信の違い

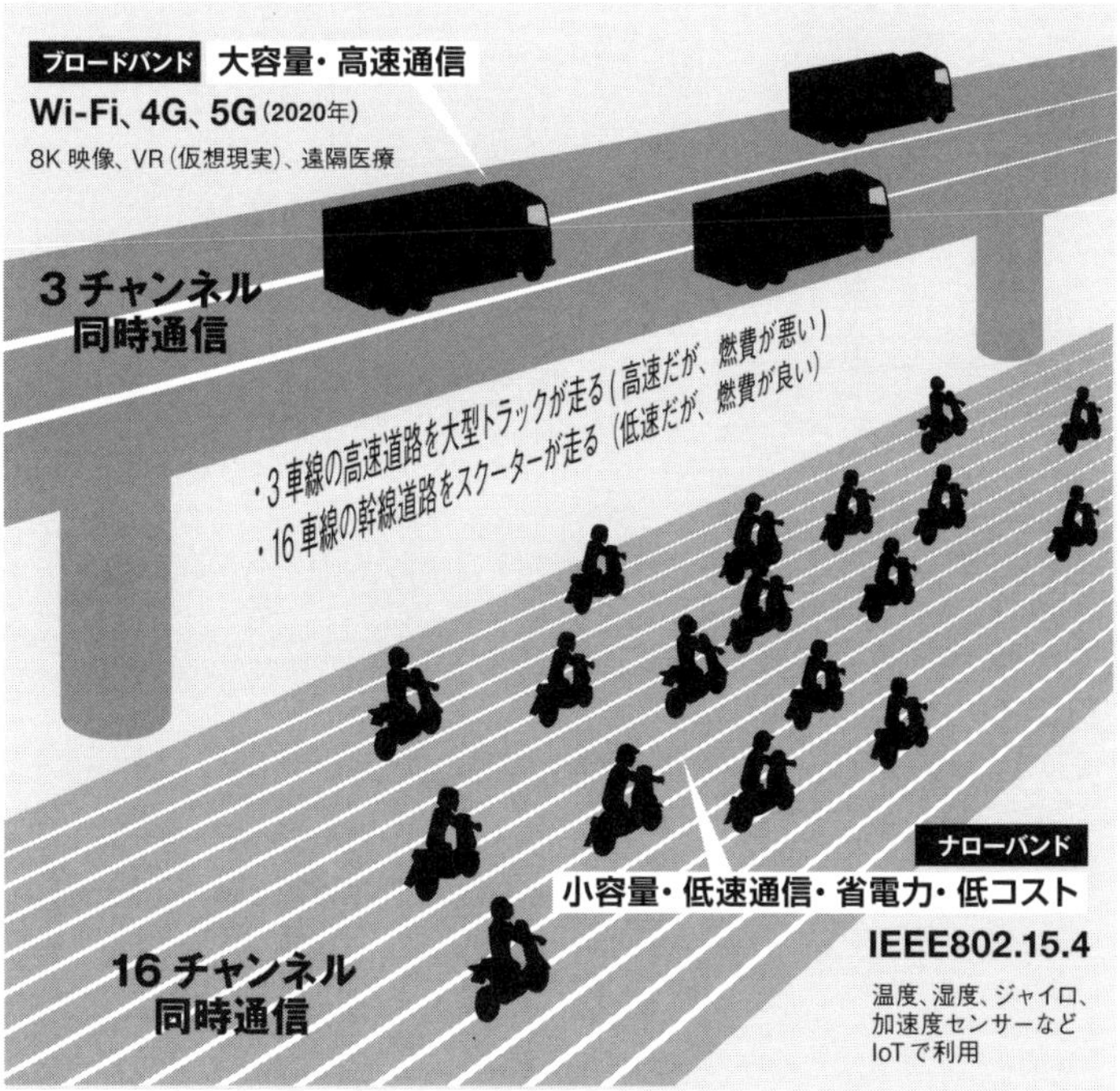

IoT・AIで進化したロジスティクスによるシェアリングエコノミー社会の日常

次にこのIoT環境によって、社会がどのように機能するかを見てみよう。まず社会に存在するモノ、スペース、仕事、輸送手段などのリソースすべてにIoTセンサーが搭載される。たとえばトラック・荷物がどこを走っているか、荷台にどれだけ空きがあるか、ドライバーの状態はどうか、荷物がどういう環境に保管されているか等々の情報がネット上にリアルタイムで供給される。そしてネット上のAIシステムが、これら膨大な情報の中から、リソースをマッチングさせる。つまり荷物を運んでほしい場所から一番近いところを走っている人・車に連絡するのだ。

ただし、荷物にはいつ、誰が、どう使うかといった条件がある。さらに運ぶ人のスキルや温度・湿度管理などが必要な場合もある。こうした多くの条件に最も合う人・車を瞬時に探してマッチングさせなければならない。

仕事を受ける人・車も、温度や湿度の対応能力や、取扱注意の繊細なモノの扱いができる、届け先の人に対して対人コミュニケーション力があるなど、満たす条件が多く、レベルが高いほど仕事をとりやすい。たくさんの仕事をこなして、高い評価を受けた人はネット上のレーティングが上がり、ますますたくさん仕事がくるようになる。つまり多くのオファーから仕事を選ぶことができる。

いちいち自分の状態を書き込んだり、舞い込んでくるオファーの内容を検討したりしていると、そこに多くの時間がとられてしまい、一番いいオファーがわかったときにはチャンスを逃がしてしまうといったことになりかねないが、そこも心配はいらない。スマートフォンやタブレット端末などにインストールした賢いアシスタントアプリＶＰＡがネット上にアップされた膨大な仕事の募集から最適なものを自動的に選んでくれるのだ[13]。ＶＰＡがあれば、人は誰でも専属の秘書を雇ったビジネスマンのように仕事ができる。

ＡＩがＩｏＴの飛躍的な普及をサポートする

情報がどれほど膨大になっても、次世代のインターネットプロトコルＩＰｖ６になれば、インターネットが扱う情報量はさらに飛躍的に増え、あらゆるものにＩＰアドレスを割り当てることができるようになる[14]。こうしたインターネットとコンピュータの性能の進化により、ますます多くの情報、高度な情報を自在に、快適に扱えるようになっていく。

ＡＩも特別なテクノロジーではなくなろうとしている。クラウドサービスにより、ＡＩのような高度な判断が、無料に近いコストで使えるようになりつつあるからだ。ＡＩというとグーグルの囲碁プログラム「アルファ碁（AlphaGo）」が、人間のプロを破ったことで話題になるなど、特殊な領域でのみ実用化されているというイメージがあるが、先に紹介したＶＰＡのシリ（Siri）など身近な分野での活用もすでに始まっている。すでに紹介したようにこうしたアプリによって、近いうちにＡＩは人間のプライベートな生活からビジネスまで、あらゆる行動をサポートするようになるだろう。

今後はＡＩが産業・社会で関与するトランザクションが飛躍的に増え、何億倍に増加する。ＩＣＴ分野の調査・コンサルティング会社ガートナー社は、ＩｏＴビジネスの拡大により２０２０年にＩｏＴを構成するデバイスは３００億ユニットに達すると予測している。インテルやシスコシステムズはこれを５００億個[15]、日本では総務省が約５３０億個と予測している[16]。

いずれにしてもＡＩがサポートするＩｏＴは今後短期間で飛躍的に普及することになるだろう。現在急速に進化・普及しているＡＩはディープラーニングという技術を用いており、経験を積むことによって賢くなる仕組みになっている。ＩｏＴの拡大によって経験を積めば積むほど、データが多く集まるほどＡＩは賢くなる。そして大量のデバイスに用いられることによって、ＡＩを活用するためのコストは低くなる。

このように、コミュニケーションのコストが限りなくゼロに近づき、あらゆるリソースの情報がリアルタイムでネット上を飛び交うようになることにより、モノ・サービスを開発・製造・販売する「オールドエコノミー」から、ＵＸを最大化するためにモノ、スペース、仕事、輸送手段などのあらゆるリソースをシェアする「ニューエコノミー」への進化が可能になるのだ。

垂直型の中央制御がいらなくなる水平型コラボレーションのメリット

シェアリングエコノミーの社会では、ＩｏＴによってあらゆるリソースがつながり、ビジネスの様々な活動がコーディネートされる。現在、垂直型の企業がそのリソースを制御する仕組みでは、全体を監視・制御する中央集権的なシステムが必要だが、あらゆるリソースが水平につながるシェアリングエコノミーの社会では、こうした中央制御機能はいらなくなる。これらのリソースを最適に活用するアルゴリズム（コンピュータ・プログラムの仕組み）が、ＡＩを使った賢いシステムを活用し、ネットワークを通じて高い精度でセンシングしながら、リアルタイムで最適なリソース活用を判断し、指示を出すからだ。

　たとえばA社のある事業所があるモノを必要としているとする。アルゴリズムはＩｏＴのネットワークによって、それを最も近いところで持っているのがB社の倉庫だということを瞬時に判断し、それを最も効率的に運んでくれる人・車を無数の登録会員から選んで呼びかける。今すぐアクションを起こせる会員のＶＰＡがそれに応答し、

水平協働型シェアリングエコノミーでビジネスを効率化

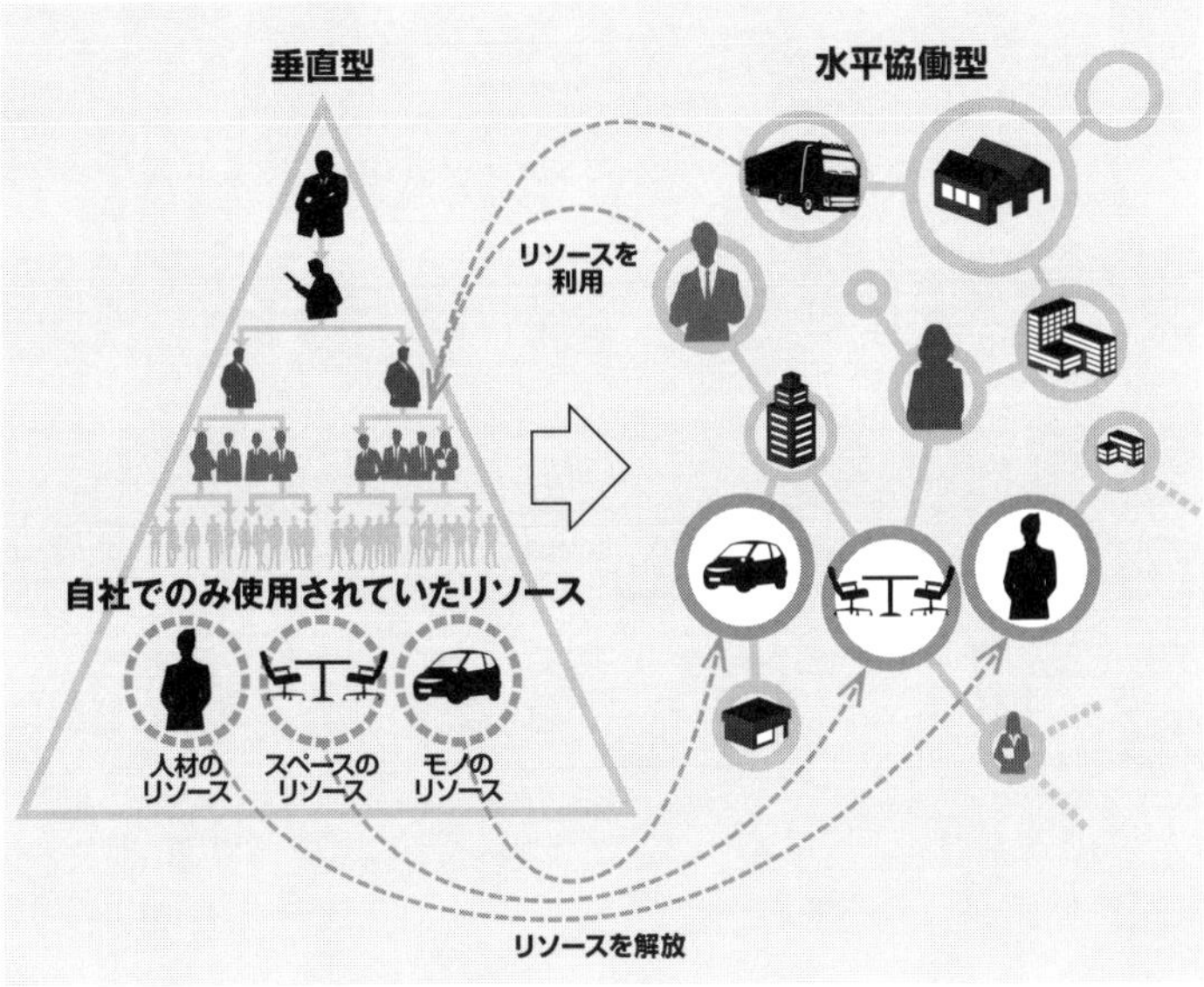

アルゴリズムはその中から最適な人・車をチョイスして、輸送を依頼する。ＡＩによる賢いＩｏＴネットワークが機能する社会では、こういったことがほぼ瞬時に行われるのだ。

企業はこの仕組みに参加するだけで、それまでより効率的・効果的なリソース活用ができる。垂直型の仕組みで閉ざされていたリソースが解放され、シェアされるため、自社リソースの稼働していない時間を貸し出すことができるし、自社リソースの空きがない場合、あるいは社外のリソースを使ったほうが、時間・場所などの効率がいい場合には、他社のリソースを活用できるからだ。

水平協働型シェアリングエコノミーの仕組みに参加する企業は、ビジネスの効率を上げることができ、競争力を増すことができる。一方、垂直型でリソースを囲い込み、現場の人が水平協働ネットワークに参加するのを禁じる会社は、どんどんチャンスを逃がし、競争に負けていくことになる。

この水平協働の仕組みには、個人も参加できる。たとえばあるモノを運ぶという活動で、たまたま参加企業の車より個人の車のほうが、集荷地点と配送先を効率よく回ることができ、運ぶモノが特別なケアや車両を必要としない場合などだ。

水平協働型シェアリングエコノミーの仕組みでは、ＢtoＢの企業でもＢtoＣの企業でも、シェアリングの仕事を行うときは垂直統制型ヒエラルキーの外で行動する。その意味では企業の従業員も個人も区別はない。古い統制型の仕組みからリソースが解放され、効果的にシェアされることで、企業もビジネスの効率を上げることができ、企業の従業員も企業に属さない個人も、仕事と収入を増やすことができる。つまりリソースのシェアリングを通じて参加者すべてがメリットを分け合うシェアリングエコノミーが成立するのだ。

序章で触れたようなＰtoＰ、すなわち個人が主権を持ち、主体的にコラボレートするこれからの社会への移行が産業の中で起きるとしたら、こうしたIoTネットワークとAIを駆使した賢い仕組みが構築され、多くの企業が参加し、リソースを解放・シェアしていく中で実現していくことになるだろう。

テクノロジーで信頼性を確保する

この水平協働型シェアリングエコノミーで、クリアしなければならない課題がふたつある。ひとつは信頼性をどう担保するか、もうひとつは決済をどうするかだ。

まず信頼性から見ていこう。

中世の水平協働型社会が、全員が顔見知りの閉ざされた小さな社会だったのに対して、これから出現しようとしている水平協働ネットワーク型社会は、お互い知らない者同士が取引する。「私の荷物は大丈夫か?」「私の仕事に支払いはちゃんとされるだろうか?」といった不安が解消されなければ、シェアリングは広がらないだろう。

しかしこうしたボトルネックは、テクノロジーでクリア可能だ。

IoTによるニューエコノミーでは、すべてがモニタリングできる。モニタリングさせない人には仕事が行かないので、自然とこの社会から排除されていく。顔認証システムでその人のIDが常に保証され、なりすましもできない。みんなに見られている状態なので、悪いことはできない。これによって自然と信頼性が実現・維持される。

「求められる温度で運ばなかった」「マッチングのときに求めていなかった温度管理を後から求められた」など、トラブルが起きる可能性はあるが、すべてのトランザクションは記録が残るので、何が問題だったか、どちらの主張が正しいかといったことは検証可能だ。問題を複数回起こした人は、信頼性のレーティングが下がり、仕事がこなくなる。逆に大多数の参加者は信頼性を上げるため、よい仕事をしようと努力する。

車や物損の事故などは、従来のビジネス同様、保険でカバーできる。

セキュリティは国や自治体に任せて安心という時代ではないし、大手有名企業の製品・サービスを無条件に信用できる時代でもない。みんなで監視し、信頼性を向上させることができるのが、これからの社会のあり方だ。だからシェアリングというスタイルが広がっているのだと言えるだろう。

フィンテックでシェアリングエコノミーを守る

もうひとつの課題である取引決済は、ビットコインのようなシェアリングエコノミー専用のマネーを作ることにより、安全で効率的・効果的な決済が可能になる。

理由はふたつある。

まず、シェアリングエコノミーの取引は、ひとつひとつが小さく、件数があまりにも膨大で、いちいち金融機関を通じて決済していたら、コスト的にも手間がかかり、時間的にも極めて非効率になる。各参加者がポイントのようにシェアリングエコノミー専用のマネーを貯め、好きなときに換金するほうが合理的なのだ。

また、既存の通貨は金融市場や原油市場など市場の変動リスクに晒されていて、せっかく稼いだお金の価値が一瞬で何割も下がってしまうということが起こり得る。専用マネーはこうしたリスクからシェアリングエコノミーを守ることができる。

ビットコインといえばマネーロンダリングやマウントゴックスのビットコインの消失事件[17]が思い出され、セキュリティを疑問視する人もいるかもしれない。しかし、ビットコインの中核をなすブロックチェーンというテクノロジーは、金融機関のような中央集権型の仕組みを介在させずに、水平協働型の仕組みで絶対的なセキュリティを保証し、価値の交換を行うことができる画期的なものだ（詳しくは第3章で紹介する）。

増殖するアプリケーション

このようにPtoPの仕組みは、無数のPたちによって自然と広がり、増殖していく。BtoCのサービスなら、Bが提供しなければならないアプリケーションも、PtoPでは誰が提供してもいい。

先ほどシェアリングエコノミーの仕組みを紹介したとき、「アプリケーションソフトはどうするんだ?」と疑問に思った人もいるだろうが、心配はいらない。プログラミングができる参加者が、すでに無数に存在するフリーソフトをカスタマイズして無料で提供することもできるし、さらに高い可能性としては、スマートフォンのアプリのように色々なベンダーがごくわずかな月額使用料でアプリケーションを提供するようになることが予想される。

シェアリングエコノミーは、参加者によって様々なアプリケーションの機能が必要になるし、使いやすさや速度など、必要とする性能も様々だ。たくさんの選択肢の中から自分が必要な機能を選んで使えばいい。やがて、それらの中から多くのユーザーに支持されるアプリケーションが現れ、デファクトスタンダードとして広がっていくかもしれない。普及すればするほど、アプリケーションはもっと使いやすく、賢く、しかも安くなるか、無料になるだろう。

色々な言語で書かれたアプリケーションが混在していても特に問題はない。ＡＰＩが普及したおかげで、どんなアプリケーションをどんなＯＳ・端末で使えるようにするのもごく簡単だ[18]。かつてはテキストデータでさえ、ウィンドウズとマックのファイル互換で悩んだ時代があったが、いつのまにかＰＣは2種類のＯＳ、ファイル形式に苦もなく対応できるようになった。同様にどんなアプリケーションも共存できるオープンな環境が整いつつある。

産業・社会を変えるリソースシェアリングのアルゴリズム

価格が気にならないくらい安くて高性能なＩｏＴデバイス、産業・社会のあらゆるリソースから安価でリアルタイムに取得できるデータ、取得したビッグデータをクラウド上で安く保管・加工できるクラウドサービス、ＩＢＭのブルーミックス（BlueMix）やグーグルのテンソルフローなどのAI機能、個別業務のアルゴリズムがクラウド上でAPI提供される環境などによって、リソースシェアリングはすでに実現可能だ。

そこで大切なのはアルゴリズム、すなわちプログラムを通じて提供される手順・仕組みだ。社会の膨大なリソースをより効率的にシェアできるアルゴリズムの制御が、企業の垣根を超えて最適なリソース情報のやりとりを実現していく。共有できるリソース情報の単位は技術の進化と共に究極まで小さくなっていき、情報をやりとりするスピードは限りなくリアルタイムに近づいていく。これによって、これまで垂直型ヒエラルキーの上層から下層に指示が伝わる仕組みでは対応できなかった、社会の膨大なニーズに応えることができるようになる。

このようにアルゴリズムの進化と普及がリソース活用を進化させ、これまでにない情報とモノの流れを生みだし、産業・社会のムダを減らし、経済の仕組みを改善していくのだ。

第1章では垂直統制型モデルの究極のありかたとして、トヨタの生産方式を紹介した。そこには、モノ造りにおいてそれまでの造った分だけ売るプロダクトアウトから、売れた分だけ造るマーケットインへの転換という革命があった。しかし、これはあくまで自動車という製品・モノの生産効率を極限まで高めるための革命にすぎない。

これからの産業・社会では、モノにとらわれず、UX（ユーザーエクスペリエンス）の最大化という観点から、あらゆるコトを組み合わせて提供することが求められる。そこには企業・業界の枠組み、ヒエラルキーにとらわれない、全く新しいリソース活用が必要になる。

それは古い垂直モデルにとらわれず、水平協働モデルを支えるシェアリング型のリソース活用だ。今の日本で行われているリソース活用の何割かがこの形態へ移行するだけでも、産業・社会は劇的に変わるだろう。そのカギは新しい視点に立ったアルゴリズムをどれだけ生みだし、普及させることができるかにかかっている。

人と社会を幸せにする「次世代」の技術が実用段階に

18世紀からの技術革新から産業革命が始まり、近代の経済社会が生まれたように、これからのシェアリングエコノミーを基盤とする水平協働型社会も、新たな技術革新による産業革命を通じて実現していくことになる。

18〜20世紀前半の技術革新が蒸気機関、内燃機関などエネルギー利用と機械の進化により、生産や輸送の効率を飛躍的に高めたのに対して、20世紀後半からの技術革新と産業・社会の進化は主にコンピュータ・ICTによってもたらされた。しかし、20世紀のICTが社会にもたらしたのは、主に効率化による生産性の向上であり、その意味ではあくまで18〜20世紀前半の技術革新の延長線上にあったと言える。

ところが、21世紀に入ってテクノロジーにも大きな変化が生まれつつある。ICTが高速化や効率化といった量的な価値だけでなく、人より賢い機械、人の代わりに仕事をするロボットなどを次々と生みだし、人と社会に質的な変化・進化をもたらそうとしているのだ。エリック・ブリニョルフソンとアンドリュー・マカフィーの『ザ・セカンド・マシン・エイジ』（日経BP社）には、そうした様々なテクノロジーの例が紹介されている。

たとえばニュースなどでたびたび取り上げられてきたグーグルの自動運転システムは、すでに長期にわたる路上テストを通じて、その安全性が立証されている。この自動運転システムでは64個のレーザー送受信センサーを内蔵した全方位イメージング・ユニット「ライダー」が担っている。このユニットは毎秒10回の高速回転で1秒間に1300万のデータポイントを測定し、このデータからコンピュータがリアルタイムの3Dイメージを作成する。測定距離は全方位100メートル。つまり、人間の目・脳より高機能・高精細のセンサーと画像認識システムが運転をコントロールしているのだ。

初期の「ライダー」は価格が3500万ドルだったが、2013年半ばには約8万ドルで作れるようになった。量産化できれば価格は「カメラ程度、つまり数百ドルになる」と、製造元のCEOは語っている。[19]

もっとお手軽ですぐ使えるテクノロジーの例としては、リアルタイムでベストのルートを教えてくれる運転支援アプリ「ウェイズ（Waze）」がある。通常のカーナビが地図とGPS位置情報をもとにルートを指示するのに対し、このアプリはいま現在走っている会員ユーザーたちの車からリアルタイムで情報が自動発信される。情報は常に共有され、今どのルートを走るべきかがアドバイスされる。

この「ウェイズ」はスマートフォンに無料でダウンロードして使うコミュニティ型アプリなので、ユーザーが増えれば増えるほど、対象地域の交通事情を詳細に知ることができ、いま現在の交通状況をより的確にユーザーへ提供できるようになる。

またロボットの例としては、リシンク・ロボティクス社の「バクスター（Baxter）」というヒューマノイド型産業用ロボットがある。「産業用ロボット」といえば、製造ラインで動く産業機械のイメージがあるが、「バクスター」は人間に似たかたちをしたヒューマノイド型ロボットだ。姿が人間に似ているからもっと高度な加工を高速で行うのかというとそうではなく、「バクスター」は工場内でのモノの移動など、あまり精密性を必要としない雑多な仕事を引き受ける。つまり面白くない作業を人間に代わってやってくれるロボットなのだ。

物流倉庫では、キバ社の物流ロボット「キバ（Kiva）」が似たような仕事を引き受けている。商品などモノの識別、ピックアップは人間が行うのに対して、キバは必要な棚を引き出してきたり、用が済んだ棚を戻したりといった補助作業を行う。

ダブル・ロボティクス社の「ダブル（Double）」は、モノを持ち上げたり運んだりはしないが、人間の代わりに施設内を歩き回り、起きていることを見たり聞いたりしてくれる。

知的作業の分野では、MITコンピュータ科学・人工知能研究所の論文自動生成プログラム「サイジェン（SCIgen）」や、ナラティブ・サイエンス社のデータから記事を自動生成するロボットなどがある。後者の試作記事は一見、人間の記者が書いた記事と区別するのが難しいほどのクオリティだ。

すでに紹介したように、あらゆるモノをセンサーで計測し、AIシステムで調整・制御するIoTの仕組みは、個人でもすぐに実現できるほど身近なものになっている。超小型コンピュータやセンサー、カメラなどのデバイスも、データをやり取りするMtoMの通信システム「ソラコム」も、誰もが利用できるほど手軽なのだ。高度な技術や巨額の資金を必要としたAIですら、クラウドサービスを通じて安く、簡単に活用できる。

この安さ、手軽さこそ、先端テクノロジーが社会を変えていくためのカギになるだろう。ＡＩだけでなく、自動制御システムやロボットなども、ごく身近なものになりつつある。この格安で手軽なテクノロジー、デバイス、サービスを必要に応じて組み合わせれば、水平協働型社会の人や組織は、互いに効果的なコラボレーションを行うことができる。

企業がリソースを解放し、コラボレートしながら、価値を生みだしシェアしていく社会は、従来の産業・社会の常識からかけ離れているため、イメージしづらいかもしれない。だがテクノロジーの進化によって、すでに実現可能な段階に来ているのだ。

ＩＣＴの遅れを大逆転できる時代がやってきた

「失われた20年」と呼ばれる長い期間にわたって、日本企業が改革の必要性を感じていながら実際にイノベーションを興すことができなかった最大の要因は、第1章で紹介したＩＣＴの立ち遅れにある。

ＩＴ投資の対ＧＤＰ比率では、日本は４・７％で、アメリカの５・９％に及ばないものの、世界平均の４・０％を上回っており、中国（１・８％）など、新興国を大きく引き離している。[20]

また、ＥＲＰ（経営資源管理システム）の普及速度や導入数は世界でも有数だ。こうしたことから、ビジネス界では日本をＩＣＴの先進国と考えている人が少なくないようだが、私が見るかぎりそれは幻想にすぎない。

日本の企業がこれまで取り組んできたのは、既存のビジネスの業務を「電子化」することであって、企業のイノベーションや新しいビジネスモデルの創造につながるような、コア技術としてのＩＣＴ開発ではなかった。いくら既存の業務を電子化し効率化しても、イノベーションや新しいビジネスは生まれない。

これに対して、アメリカの企業はビジネスのコアにつながる重要なシステムを自社で開発することで、事業のイノベーションを生みだすための技術を蓄積・育成してきた。これが今やビジネスの大きな実力差になっている。

しかし、悲観することはない。

日本企業はこれまでのＩＣＴの立ち遅れを取り戻すことができる。

ひとつには社会が根底から変わろうとしているため、これまでのＩＣＴとはまったく違うＩＣＴが必要になっているから、つまり先行していても立ち遅れていてもそんなに関係ない時代がやってきたからだ。

これまでのＩＣＴはまさに垂直統制のためにインテグレートされたシステムであり、ＳＡＰに代表されるＥＲＰベンダーは、大企業を中心とした産業への標準化を推進してきた。しかし、この垂直統制型ビジネスモデルが非効率になった今、こうした中央集権型のＩＣＴにこれ以上の投資は必要ない。

必要なのは、現場でセンシングし、ＭtoＭ通信によって必要に応じてネットワークでつなぐ柔軟なＩＣＴだ。

こうしたネットワーク型、クラウド型のシステムは、必要に応じて柔軟に拡張できるので、かつての垂直統制型システムのように大規模なＳＩは必要ない。コンサルティング会社やＳＩベンダーに頼らなくても、ユーザーサイドで機敏に開発し、パイロット導入、検証を経て、本格導入へとつなげていくことができる。いや、こうした柔軟でスピーディな最適化でなければ、ビジネスを回していくことができないと言ったほうがいいだろう。ユーザーが主役のＵＸビジネスでは、ユーザーの要求に迅速に対応することが生命線となるからだ。

従来のテクノロジーは高度化すればするほど、活用する企業側にも高い技術・知識が必要だった。ところがシェアリングエコノミー社会で活用されるＡＩやＩｏＴなどのテクノロジーは、そうした従来型の高度化とは異なる進化を遂げている。そこで使用されるシステムもデバイスも極めて安価で、しかも特別な技術力がなくても簡単に使うことができる。企業の規模を問わず、場合によっては個人まで参加できるのがシェアリングエコノミーであり、そこで活用されるテクノロジーも当然誰でも簡単に使いこなせるものでなくてはならないからだ。

たとえばすでに紹介したような格安の超小型コンピュータやカメラ、センサー、ＭtoＭのＩｏＴ通信サービス、クラウド・コンピューティングによるＡＩ解析などは、誰でも格安で活用できる。テクノロジーが一部の技術者や先進的ＩＴ企業だけのものでなくなっているのだ。

ユニコーン企業の先にある
産業・社会構造の根底的な変革が可能になる

シェアリングエコノミーの社会は誰でも事業・社会行動の起点になりえる。新しいＵＸを考え、それを最大化するアイデア、構想力、実行力があれば、企業も個人も社会のリソースを活用して新しい事業を立ち上げ、社会に価値を提供することで発展させていくことができるのだ。

この新しい事業で新たなUXを創造し、ユーザーの支持を獲得すれば、エアビーアンドビーやウーバーのようなユニコーン企業を短期間で創り出すことができるだろう。しかし、この本で取り上げてきた巨大なユーザー・市場ニーズの変化は、ユニコーン企業の単発的なサービス事業ではなく、もっと根底的な変革を産業・社会に要求するようになる。それがリソース活用の変革を含む、垂直ヒエラルキー型から水平協働ネットワーク型へという産業・社会構造の根本的な変化だ。

これから起きるこの本格的な変化は、GDPの数十%が移行していくような、とてつもなく大きな変化になるだろう。その流れをつかんだ企業は巨大な変化の中で生き残り、新しい産業・社会へと移行していくことができる。流れをつかめなかった企業は消え、そのシェアは生き残った企業に吸収されていくことになる。

UXを最大化して提供する企業だけが成長を持続できる新たな経済社会

すでに第1章で述べたように、垂直型のビジネスモデルではレッドオーシャンにおける熾烈な戦いの中で、多くの企業が消耗し、脱落していく。勝ち残るのは数社にすぎない。最近まで日本を代表する家電メーカーであった複数の会社が、今どのような状態にあるかを見れば、事態の深刻さは明らかだ。

この不毛な消耗戦から脱出する方法はある。新たな市場を創造する新たなビジネスモデルへと移行することだ。そのためには垂直型の組織・事業構造から脱却し、ＵＸの最大化を実現できる体制を構築しなければならない。

そこで重要なのは、単に新しい事業を考えるだけでなく、組織・システム・ロジスティクスなどすべてを、新たな戦略で見直すことだ。特にモノ・空間・仕事・輸送などのリソースを解放し、他業界や個人など社会のあらゆるリソースを取り込み、組み合わせていくことがカギになる。なぜならリソースをオープンにし、社会と一体化させなければ、ユーザー主権へ移行していくこれからの時代に、ＵＸを提供することは不可能だからだ。逆に、これができた企業は、これからの社会システムの構成要素として組み込まれ、持続的に発展していくことができる。

今先進国が移行しつつあるのは、これまでのような企業・産業の都合で商品・サービスを量産し、ユーザーに提供する社会ではなく、ユーザーが自律的に活動し、様々な価値を企画・共有しながら実現していく社会だ。そこではユーザーの考えや行動を積極的にサポートできる企業・産業だけが存続を許される。この社会構造の変化を認めない企業は、収縮していく既存の市場にしがみついたまま衰退していく。変化の本質に気づいていないため、なぜ会社が衰退していくのかわからないまま最期の時を迎えることになるだろう。

「囲い込み・所有」から「解放・シェア」へ進化していく時代

垂直型から脱却するためには、リソースの解放を企業のあらゆる分野に広げる必要がある。特に忘れてならないのは、マネーというリソースだ。現在、多くの日本企業が純利益を内部留保や自社株買いなどの金融取引に回して企業価値を維持しているが、これは社会に対して何の価値も生みださない。ユーザーにこれまでにない体験・価値を提供できる新しいビジネスモデルを創造し、新事業を立ち上げ、そこに投資することによってしか、これらのマネーは生きないし、社会に価値を提供できないのだ。

そもそもマネーは社会を環流することで経済に活力を与える。これが貨幣経済の基本だ。この基本を無視して自社内に利益を貯め込む企業は、社会を不活性化させる要因でしかない。

これからの企業・産業は、既存のリソース（設備・組織）ありきではなく、自社のリソースを解放して他社・他業界や個人に提供し、同時に他社・他業界や個人のリソースを活用して、UXの最大化に最も有効な組み合わせを創り出すことによって、イノベーションを次々と生みだしていくことが求められる。言葉を換えればリソースを社会化することが求められるのだ。

この本で紹介したシェアリングエコノミーは、単に消費者が消費財を共有して使う仕組みではない。企業・産業・社会のあらゆるリソースが解放され、効果的にシェアされる仕組みでもある。だからこそ未来にとって重要な意味を持っているのだ。

また、UXの最大化を実現していくシェアリングエコノミーでは、人の仕事というリソースも単一の企業に縛られる硬直化した勤務形態から解放され、勤務する企業から給料を得ながら、P（ピア）としてのシェアリングを始め、様々な労働手段を獲得することができる。これによって広く社会（主に個人としてのピア）に企業の収益が環流し、社会・経済の活性化に貢献していく。

幸せを分かち合う水平協働型社会が生まれる

こうした企業の構造変革は、企業の価値を高めるだけでなく、これからの社会構造をより望ましい方向へ変えていくことにもつながっていく。

従来、日本の垂直統制型の企業では、従業員は企業内のルールのみで評価され昇給・昇進する仕組みの中で、長期的に囲い込まれていた。日本経済も企業も成長しているあいだは、この雇用システムが従業員の忠誠心と組織優先の働き方を可能にし、高い生産性を生みだしたが、日本経済が成熟期に入ると、これがマイナスに作用するようになった。

社内に従業員を囲い込む仕組みはその会社でしか通用しない人材をひたすら育てることになり、社外に通用するプロフェッショナルを育てることができないからだ。プロがいない日本企業は、日本のコスト競争力が相対的に低下し、グローバルな競争が激化する中で、競争力の強化につながる新たなイノベーションを生みだすことができないでいる。

これに対して欧米の企業では、従業員は能力（職能）に応じた仕事（職務）を獲得し、その成果を評価される。よりレベルの高い仕事、企業にとってより価値の高い仕事をするためには、職能を拡大・上昇させ、それをアピールして、その仕事を勝ち取らなければならない。自分が求める仕事がその企業になければ、その仕事がある他の企業に転職する。これができるのは企業の枠を超えたプロフェッショナルとしての職能を評価する基準があるからだ。こうして欧米ではプロフェッショナルが育っていく。

ここで言う「職能」とはその仕事ができる能力を指し、「職務」は能力を活用して行う仕事を指す。たとえば学校の教師で生物と化学を教える能力を持っていて、化学を教えているとしたら、その人の職能は生物と化学で、職務は化学ということになる。その人が仕事を広げて俸給を上げたいとすれば、化学だけでなく生物も教えることができることを学校にアピールし、生物の教師に空きが出たときに授業の受け持ちを新たに獲得する。

企業においても同じだ。職務と職能によって仕事をする制度が機能している社会では、現在の職務に活かされていない職能がある人は、その職能をアピールして、仕事を広げることができる。あるいは新しい職能やより高いレベルの職能を身につけることによって、キャリアアップできる。勤務している企業に適当な職務がない場合は、職務がある企業に転職すればいい。

経営環境の変化や技術の進化が加速している現在の経済では、企業も製品・サービスから組織、システムなど、あらゆる分野でイノベーションを興し続けていかなければならず、必要とするプロフェッショナルな職能も、それに応じてどんどん変わっていく。企業も従業員もお互いがそのときに求めるベストを選ぶことで、めざすイノベーションに最適なマッチングが生まれる。

欧米の企業、産業社会で行われている人材の転職・キャリアアップと、企業のイノベーションは、こうした原理によって支えられている。

一方、日本企業の垂直統制型ヒエラルキー制度では、日本独特の評価基準によって職位と俸給が上がっていく。この職位の評価はプロとしてどのような職務で成果を出したかではなく、年功序列と組織への忠誠度で決まる。マネジャーの職位は、管理する部署の規模に応じて上がっていく。従業員は労働時間で俸給が増えるため、成果や効率ではなく、組織に与えられたルールに沿って作業を行うことを優先する。その結果、生産効率は上がらず、成果につながる革新を生みだすこともできない。これは従業員が怠慢なわけでも、能力が低いわけでもなく、単に企業の構造が彼らを拘束しているために起きていることなのだ。

水平協働型シェアリングエコノミーは、こうした囲い込みの構造から従業員の仕事・働き方を解放していくことができる。企業の枠を超えたコラボレーションでは、シェアされる仕事はすべてその成果で評価が決まり、そこに年功序列や組織への忠誠度といった基準が入り込む余地はないからだ。

垂直統制型から水平協働型への移行段階では、従業員は勤務する企業の垂直統制型の組織による仕事と、他社のシェアリング型の仕事を並行して行うことになり、成果を評価されるプロフェッショナルとしての仕事を経験することができる。仕事がモノを運ぶ、整理するなどの単純労働でも、タスクをより多くこなすことで収入は増えるが、知的労働では意欲がある従業員はスキルを向上させ、より高度で高収入の仕事を獲得していくことができる。

一方、企業も硬直した垂直統制型のビジネスモデルから脱却し、UX最大化のために社会のリソースを効果的に活用でき、その結果として社会に価値を提供できるようになる。

社会もひたすら資源を加工・販売・消費する垂直型から、循環型の共有社会へと進化していくことができる。それは企業が利益のために争い、一握りの勝者と多くの敗者が生まれ、格差が拡大する垂直型社会から、互助システムによる継続的な企業の発展と個人の幸福が実現する社会への進化でもある。

重要なのはこの社会構造の進化・移行が、対立・闘争なしに実現できることだ。18世紀から19世紀にかけての産業革命がもたらした社会構造の変化は、格差の拡大による階級闘争を生んだが、それは産業革命によって生まれた強者・勝者が独占的・独善的な支配へと突き進んだ結果にほかならない。それは20世紀に入って国家間の格差、戦争、階級闘争の先鋭化、武力革命、強権支配などの悲劇を生んだ。

これに対して21世紀の社会構造の進化・移行はもっと洗練されたものになりえる。なぜならここまで述べてきた企業のリソース解放、ＰtoＰによるシェアリングエコノミーの実現、ＵＸ最大化による社会への価値提供、企業・個人の継続的発展による社会の進化・移行は、企業も個人も社会全体もすべてが得をし、より幸せになれる変化だからだ。

第3章 UXビジネスにどう移行すべきか？

金融分野で始まっている水平協働型ビジネス

水平協働型のシェアリングエコノミーでは、BtoBの企業もBtoCの企業も関係なく、リソースをPtoPに分解して活用することで企業にも個人にも利益が生まれる。しかし、こうした仕組みが理解できても、それだけで実際にPtoPへと体制を移行しようとする日本企業はあまり多くないだろう。そこには長年、日本企業を支えてきた垂直統制型モデルから水平協働型モデルへの劇的な転換が含まれているからだ。

しかし、現にこの転換が急激に起こりつつある分野がある。それが金融業界だ。金融は経済の根幹を支えており、そのためにこれまで最も厳格な垂直型の管理が行われてきた分野と言える。金融機関が扱う入出金や送金、融資など膨大な取引は、垂直統制型の組織と巨大なネットワークシステムによって厳格に一元管理されている。

ところが、この金融を根底から変えてしまう動きが生まれつつある。それがフィンテック（ファイナンスとテクノロジーを掛け合わせた造語。ICTなどの先端テクノロジーを活用した新しい金融サービスの総称として使われる）だ。第2章で水平協働型シェアリングエコノミーの決済を守る手段として紹介したビットコインなどの仮想通貨もフィンテックの代表例と言える。

ビットコインの中核をなすブロックチェーンという仕組みは、取引（送金）をこれまでの金融機関のように巨大なシステムで一元管理するのではなく、参加者たちが取引履歴を管理する。一元管理型の金融システムでは、取引の内容が正しいかどうかを判定するために、お金を出す人と受ける人のIDなどやパスワードなどの情報を設定し、これを金融機関が管理するのだが、ブロックチェーンではID、パスワードなどにあたる情報はアルゴリズムによって暗号化され、これを参加者たちが判定する。取引の当事者ではなく、第三者たちが判定するところに水平協働型の仕組みとしての特色がある。

取引が正しいかどうかを確定するには、この鍵になっている情報の暗号を解く必要がある。重要なのはこの暗号が、ひとつ前の取引の暗号とつながっていることだ。取引情報ひとつひとつがブロック化されていて、チェーン状につながっていることから「ブロックチェーン」と呼ばれるのだが、ここに不正を排除できる秘密がある。不正な取引をしようとすると、その取引の暗号化されたチェーンをさかのぼってすべてのブロックの鍵になっている情報を偽造しなければならない。それには膨大な時間とコンピュータの演算能力が必要になるが、これは事実上不可能だ。どれだけ高速な演算を行っても、その間に新しい取引が成立してブロックが追加されてしまい、その前のブロックに別の取引をつなぐことはできなくなる。

暗号を解読して取引が正しいことを証明する行為はマイニング（採掘）と呼ばれ、マイニングする人はマイナー（採掘者）と呼ばれる。

最初に暗号を解読した人は、ネットワーク上でそれを宣言し、他の参加者たちがそれぞれ持っている取引履歴と照合して承認すると、取引は初めて正当なものとして認められる。取引の情報を検証して取引の正当性を証明した報酬として、最初の暗号解読者はコインを受け取ることができる。これがインセンティブとなるため、多くのマイナーたちが膨大な取引の検証を熱心に行う。

つまりブロックチェーンは、これまで中央集権型の金融機関が巨大なコンピュータで管理していた取引を、水平に

ブロックチェーンの仕組み

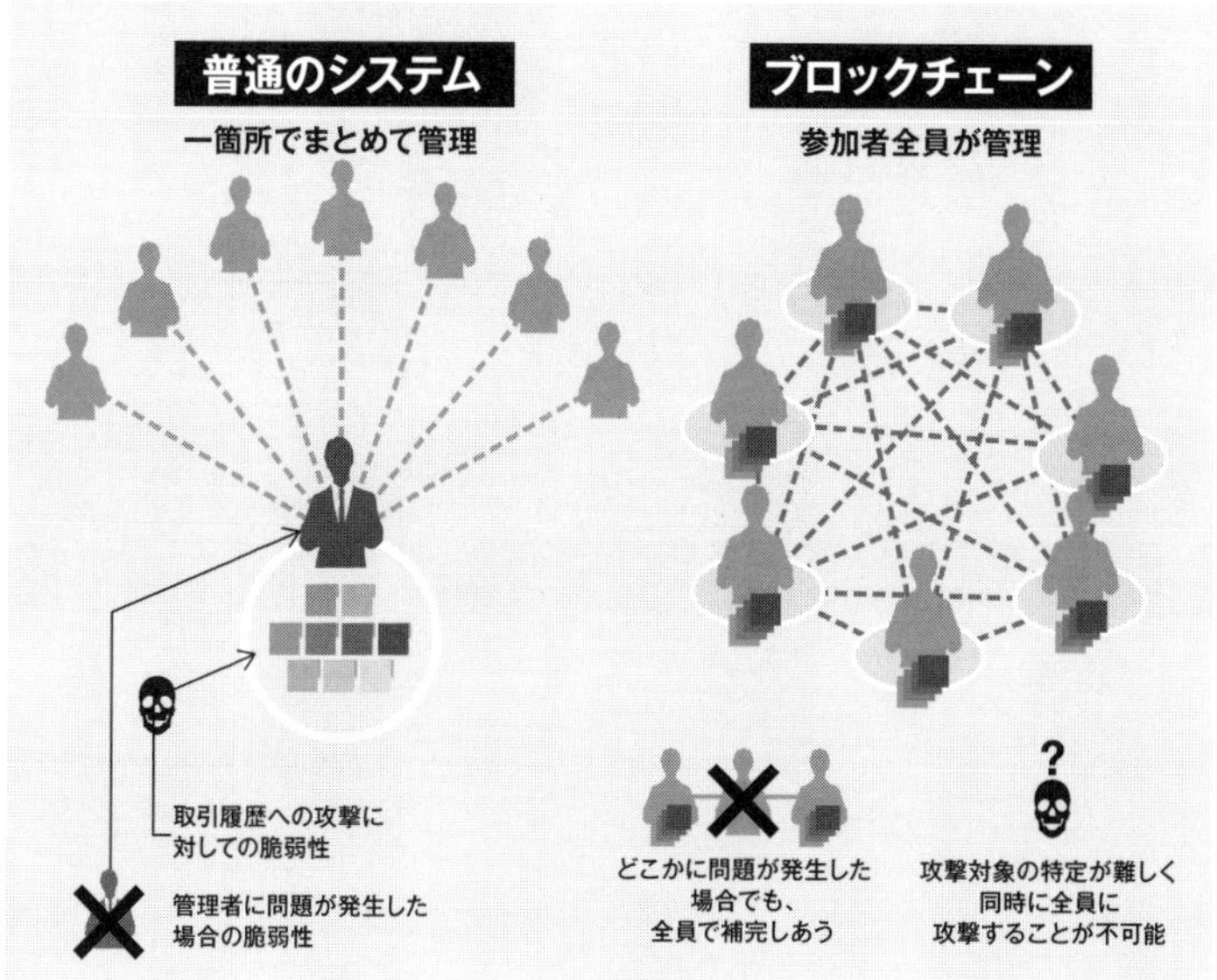

つながった多数の個人が自分のＰＣで分担する仕組みであると言える。一元管理されたシステムは、中央のコンピュータやデータ保管施設に事故が起きた場合、大きなトラブルになりかねないが、取引データをネットワーク上で分散管理しているブロックチェーンでは、そうしたクラッシュは起きない。

こうした説明ではそのセキュリティ維持能力をイメージできない人が多いかもしれないが、ビットコインのブロックチェーンは、２００９年1月3日に運用開始して以来、一度も停止していないという事実が、この仕組みの強さを証明している。これがＰtoＰの仕組みのしなやかな強さだ。

ビットコインのために考案されたブロックチェーンは、現在その用途を広げるため、様々なフィンテック企業によって新たな技術開発が進められている。ブロックチェーンの改良型を開発し、パッケージシステムやシステム開発キットとして売り出している企業も出てきている。『FinTech 革命』（日経ＢＰ社）には、こうした様々な企業の動きが紹介されている。ブロックチェーンという仕組みは、今後進化を続けながら、より多様な金融サービスを根底で支えることになるだろう。

フィンテックを活用したＵＸビジネスが既存の金融ビジネスを根底から崩しつつある

フィンテックで注目すべき点は、新しいＵＸサービスを開発・提供する企業が続々と出現し、急速に新しい市場を創造していることだ。市場規模はアメリカが最も大きいが、イギリスでも中国でも日本でも市場が生まれ、拡大しつつある。

私が最も注目している企業のひとつは、ツイッター創業者、ジャック・ドーシーのスクエア(Square)だ。この会社は２００９年に、親指の先くらいの端末をスマートフォンやタブレットに差してアプリをダウンロードするだけで、カード決済ができるというサービスをスタートさせた。初期費用や月額利用料はかからず、決済手数料は3.25％と、既存のクレジット会社より安い。この手軽さから、これまでクレジットに加盟できなかった小型店や個人事業主に、またたくまに広がった。

さらに、スクエアは加盟店に資金を前貸しする「キャッシュ・アドバンス」というサービスを始めた。店の売上データを基に与信枠を設定するので、ワンクリックで資金が調達できるだけでなく、売上の変動に応じて返済額も変えることができる。これまで金融機関から相手にされなかった小規模事業者が、このサービスによってタイムリーな設備投資ができ、商売拡大のチャンスを活かすことができるようになった。つまりスクエアは従来の金融機関には提供できない新たなＵＸを生みだし、新たな市場を開拓したのだ。ジャック・ドーシーは加盟店を回って彼らの話を聞き、何が求められているかを見極めて新しいサービスを生みだしていくという。私はそこにこれからのＵＸビジネスとしての金融の姿を見る。

スクエア以外にも、アマゾンレンディングや楽天のスーパービジネスローンなど、ＥＣや決済をベースにした融資サービスが続々と出てきている。アメリカのレンディングクラブやイギリスのファンディングサークルなど、融資を専業とするフィンテック企業はそれ以前から世界にたくさんある。多くの融資サービスが次々に生まれ、急成長しているという事実は、既存の金融機関にカバーできていない広大な市場が存在することを物語っている。

現在、フィンテックビジネスには仮想通貨、スマホ・ウェブ決済、クラウドファンディング、オンライン融資、個人財務管理（PFM）、投資支援、経営・業務支援という7つの分野が存在するという。これらの分野がただ分立しているのではなく、スクエアのように分野の垣根を越えてUXサービスを展開している企業も多い。

日本でもこれらすべての分野にスタートアップ企業が生まれているが、UXビジネスの観点から最も注目されるのが、スマートフォンで財務管理ができるPFMサービスや企業向け会計支援サービスを提供するマネーフォワードだ。この会社も徹底してユーザーの立場に立ち、必要なITや金融サービスを組み合わせてサービスを開発している。

たとえば請求書作成サービス「MFクラウド請求書」は、単に請求書を作成してメールで送るだけでなく、クレジットカードで支払いを受けることもできる。手数料は1・99％と低く、回収リスクはクレジットカード会社が負ってくれるほか、最短2日で入金される。中小企業が困っていることをひとつひとつ解決していくことが、そのまま新しいサービスになっていく。ここにもこれからのUXビジネスの姿がある。

テクノロジーで注目されるのは、ブロックチェーンを独自の思想で改善した非中央集権型クラウド基盤「オーブ（Orb）」だ。これはシリコンバレーに負けない技術を武器に、グローバルに普及していく可能性を秘めている。

フィンテック企業への投資を加速させる大手金融機関

大手金融グループもこうしたフィンテック企業を無視できなくなり、三菱東京UFJ銀行の米コインベースへの出資や三井住友カードの米フィンテックベンチャーへの出資など、積極的に投資を始めている。2015年5月の金融商品取引法改正による投資型クラウドファンディングの規制緩和、2016年4月の「情報通信技術の進展等の環境変化に対応するための銀行法等の一部を改正する法律案」の衆議院可決など、国の規制緩和の動きもこれを後押ししている。

つまり金融の未来は既存の金融機関による垂直統制型ビジネスにはなく、ITを活用してUXを最大化する水平協働型のフィンテックビジネスにあることを、金融業界も国も認めるようになったのだ。

このフィンテックの流れは、これからますます加速していくことになるだろう。経済の根幹である金融が垂直統制型ビジネスから水平協働型のUXビジネスに移行していくというこの流れは、近いうちに他の産業へと広がっていくだろう。金融でいち早くこの動きが始まったのは、製造や流通などの設備やモノといったリソースの制約が小さいからだ。金融とは仕組みそのものであるため、ITを活用して新しいビジネスモデルを創り出すことが、他の業界に比べてはるかに容易にできる。

日本経済を牽引してきた製造業や流通業などが、垂直統制型から水平協働型のビジネスモデルへ転換していくのは、金融やITほど容易ではない。大がかりな企業の変革が必要になる。変革を効果的に実行するには、これまでビジネスを支えてきた考え方や価値観の転換も必要だ。

ここからは、どのようにすれば効果的に変革を実現できるか、そのためにはどのような発想・視点が必要なのかを説明していこう。

費用対効果の呪縛から自分を解放する

この20年間、日本で多くの企業が会社を変えようとして失敗してきたが、その失敗にはひとつの共通点があるように見える。会社を変えようと考えながら、いざ変えるための具体案が出てくると、それを潰してしまう力が働くことだ。つまり自己矛盾に陥っているのだ。

たとえば若手社員たちから、会社を大きく変えるような新規事業の企画が出てきたとする。しかし、それは多くの場合「採算が合わない」「費用対効果が低すぎる」という理由で却下されてしまう。既存の設備や組織を活用できないか、無理に活用しても効果が上がらないようなビジネスモデルだからだ。こうして企業を生まれ変わらせる可能性が、経営レベルまで上がらないうちに潰されてしまうのだ。そして既存の仕組みを流用した、あまり成長性のない施策ばかりが採用される。

たしかに既存の組織や設備は、それまでの会社の成長を支えてきた事業の基盤であり、徹底して効率化を進めて実現した完成度の高いシステムかもしれない。しかし、もはや時代や市場がそれを求めていないとしたら、そこに何の意味があるだろうか？　元々企業のあらゆる経営資源は市場の支持を獲得するために存在し、活用されなければならない。市場の支持を失った既存の仕組みに固執するのは本末転倒でしかない。

意識・価値観を転換し、費用対効果ではなくユーザー・消費者に与える価値で考えれば、すべてが変わる。既存の自社の仕組みにこだわらず、新しいUXを創り出すために、世の中のベストを組み合わせれば、新しい市場が創造できる。

経営者がすべきことは、今すぐ社員を古い呪縛から解放し、「ユーザー・消費者だけを見てビジネスを変えろ、新しいビジネスを創れ」という指令を発することだ。アマゾンやグーグルなど、新しく生まれて急成長した企業は、すべてUX最大化を徹底して行っている。「業界」や「競合」を気にすることすらしない。結果的に様々な新しい分野で競合は発生するかもしれないが、彼らがめざしているのは、常にまだ競合が存在していないような新しいUXを創り、提供することなのだ。

UXとは手段ではなく目的である

ここでひとつ確認しておく必要があるのは、UX（ユーザーエクスペリエンス）とは何かということだ。それはこれまで日本の企業が製品やサービスを開発する際の根拠としてきた「ユーザーニーズ」とは似ているようで全く異なる。

これまでの「ユーザーニーズ」はあくまでモノやサービスに備わっている価値のことだった。

開発の過程で、モノやサービスを活用してユーザーが何をするかについての理解はあっても、結局それらはモノやサービスの機能・性能に置き換えられてしまい、「商品」として提供されるだけだった。

ユーザーにとってモノは手段であって目的ではない。手段に対価を払うのは目的である価値を得るためであって、モノを買って所有するためではない。製造物中心主義の日本ではこの点が理解されない。

手段であるモノを所有するのは、使用頻度が高く、持っていたほうが都合がいい場合であり、決して所有すること自体に価値があるからではない。しかも、所有したほうが得か、他人とシェアし、必要なときにアクセスして利用したほうが得かの境界線は、徐々にシェア・アクセスのほうへ移動しつつある。

製造物中心の日本企業はこの点も理解していない。「ユーザーが第一」「顧客満足度が重要」と言いながら、ひたすらモノを多く造り売ることだけを考えている。買ったユーザーの多くがその商品を所有する価値を感じなくなりつつあるかもしれないといったことには注意を払おうとしない。

たとえば自動車が売れなくなった理由は不況、若者の趣味の多様化など色々な理由が考えられるかもしれないが、そもそも車を持ち続けるのに十分な収入がある人でも、車を所有することに価値を感じなくなっている。月に一回～数回乗るだけなら、レンタカーやカーシェアリングで十分という認識が広がりつつある。そこには所有からシェア・アクセスへという価値観のシフトがあるのだ。

今後、車を所有するという価値は、乗るための便利さやドライブの喜びから、しだいにスポーツカーやビンテージカーのように、それ自体に特別な価値がある車を所有して、いつも眺めていたい、磨きたい、さわりたいといった欲求を満たすものにシフトしていくだろう。

モノの価値ではなく、UXつまり「ユーザーにとっての体験価値」を理解し、見極めることが、これからのビジネス創造では極めて重要なのだ。

UXを最大化するシェアリング型ビジネスモデルの例
――ウォーターサーバ

次にIoTであらゆるリソース（モノ・空間・仕事・輸送）をセンシングし、MtoM通信でデータをやりとりし、AIシステムで管理するPtoPの仕組みを、シェアリングエコノミーのビジネスとして具現化する、基本的なビジネスモデルを紹介しよう。

まず、最近多くの家庭に普及しているウォーターサーバというビジネスで、どのようにPtoPによるシェアリング型のビジネスモデルが実現できるか、既存のビジネスをどのように進化させることができるかを考えてみる。

ウォーターサーバは、美味しく安全な水が欲しい時にいつでも飲めることがユーザーにとっての価値だ。しかしいつでも飲めるようにしておくためには予備を置いておく必要がある。問題はこの予備をどれくらい確保するかだ。

それは自分が、あるいは家族、あるいはオフィスのスタッフが、どのくらい水を飲むかによるが、それは天候や季節にもよるだろうし、ユーザーの性格にもよるだろう。家族やスタッフがスポーツを始めて飲む量が増えたり、逆にスポーツをしなくなって飲む量が減ったりといったこともあるかもしれない。

絶対に欠かしたくないユーザーは大量にストックしておきたくなるだろう。しかし、それでは大きなボトルで家やオフィスのスペースが占拠され、見た目にもあまりよくない。それがいやな人は最低限の量を頻繁に注文することになるが、うっかり頼み忘れて飲みたいときに飲めないということになりかねない。注文し忘れを防ぐために定期的に補充してもらうサービスを選択することもできるが、それが消費のペースとマッチしていないと、いつの間にかストックが山のようになってしまうといった事態が起きる。

こうした問題を、すでに紹介したＰtoＰのロジスティクスと安価で手軽なテクノロジーで解決してみよう。

まず必要なデバイスは数ドルの重量センサーと、ラズベリーパイ・ゼロなど人差し指第二関節ぐらいまでの大きさのマイコンチップ（価格はわずか5ドル）。ウォーターサーバに重量センサーを取り付けてマイコンチップで水の量の変化を計測し、ソラコムなどの格安なＭtoＭ通信（月額数十円〜）でデータを送る。運営会社のシステムは消費量を把握しながら、あとどれくらいで水がなくなるかをアルゴリズムで予測する。

運営形態はユーザーの中から希望者が水の配送を担当する参加コミュニティ型だ。家にガレージと車があるユーザーが、水のボトルを保管し、近所のユーザーに水を数回届けたら1本がタダになるというインセンティブが設定されている。つまりスペースと輸送手段を持っているユーザーが、その地域の小さな配送センターの役割を果たすのだ。地域のユーザーからの補充依頼はウェブで共有されていて、早い者勝ちで補充配送に応募した会員がその権利を獲得する。

水の保管にあまりスペースを取られたくないが、水を決して切らしたくないというユーザーと、一方で車とそれを置くスペースと時間があり、PtoPのPとして補充サービスを請け負い、水をタダでもらえるユーザー。そこに従来型のウォーターサーバ供給サービスにはなかったシェアリング型のユーザー体験が生まれる。また、運営会社もこの仕組みによってロジスティクスコストを削減できる。

ユーザーも運営側もそれぞれが得をするビジネスモデル、価値をシェアする仕組みがIoTテクノロジーとPtoPのシェアリング・ロジスティクスで簡単に実現できるのだ。

IoTと PtoP シェアリングによるウォーターサーバの例

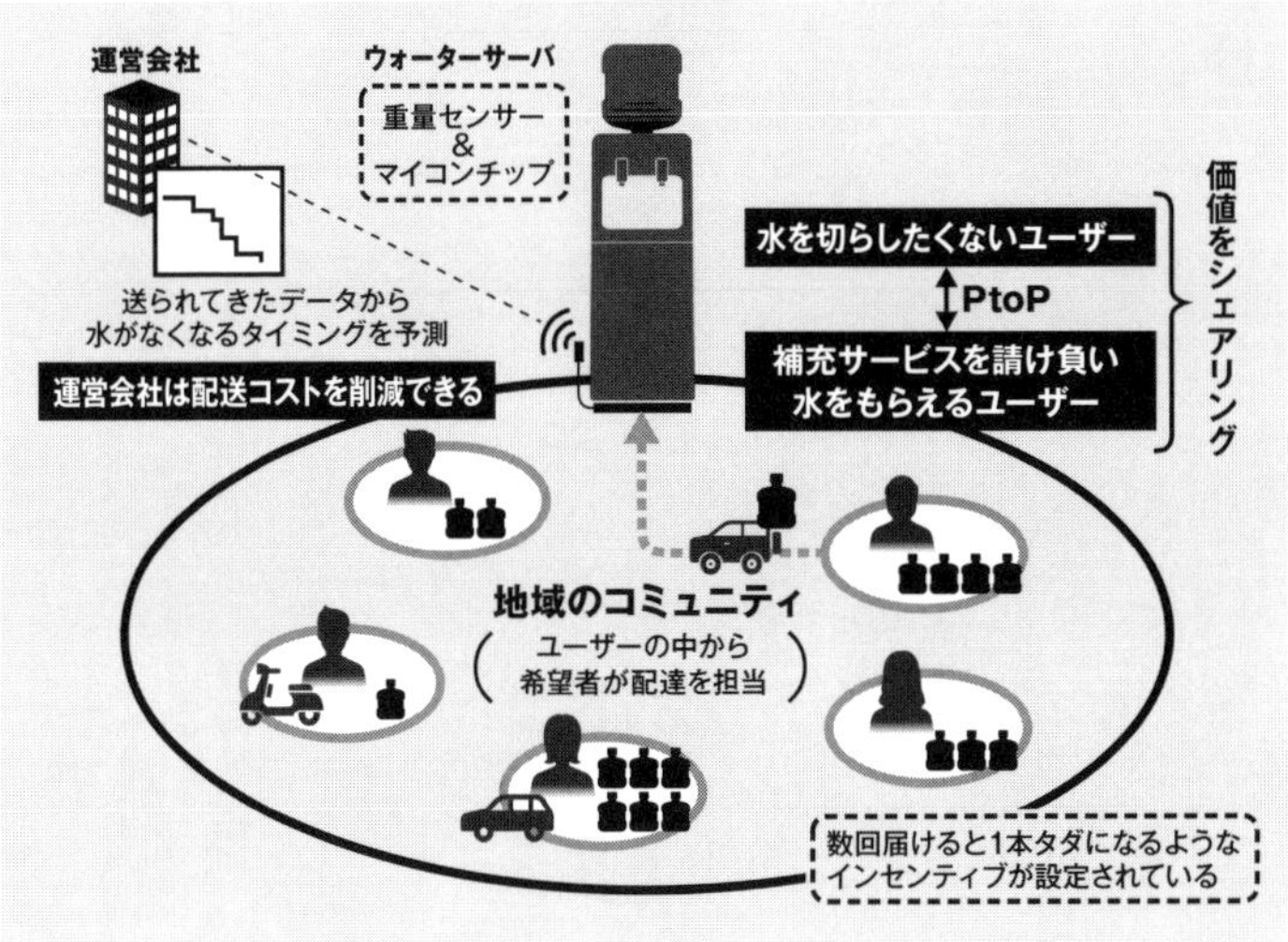

テクノロジーが臨界点を超えるたびに社会の可能性を広げる

こうしたコミュニティ型の互助システムが、ビジネスモデルとして可能になったのはごく最近のことだ。それを可能にしたのはテクノロジーであると言えるだろう。

生産・流通に関わるすべてのリソースにセンサーや超小型コンピュータなどのデバイスをつけることができるのも、テクノロジーの進化により小型で高性能なデバイスが値段を気にしなくていいくらい安く作られ、提供されるようになったからだ。

これら膨大なリソースから送られるデータが、アルゴリズムで処理され、コミュニティの会員・消費者に的確に届けられ、会員たちがそれに反応して購入できるだけでなく、商品の配送に参加することができるのもテクノロジーの力が大きい。安価なMtoM通信が接続可能なクラウドサービスを活用して、手軽かつスピーディにアルゴリズムを構築できるからであり、会員たち個人も80年代のスーパーコンピュータに匹敵するコンピュータを、スマートフォンなどのデバイスとして自然に活用できるからだ。

クラウドサービスでAI、ディープラーニングといった人間のレベルに迫る知能、部分的には人間をはるかに超える知性、情報処理能力を誰もが手軽に活用できるのも、一昔前のスーパーコンピュータ並みの演算能力を持つサーバが安く生産され、ネットのアプリケーションサービスとして提供できるようになったからだ。膨大な情報が瞬時にやりとりできるのは、インターネットというインフラと、それを活用する通信サービス事業者の技術・設備が、それを支えられるだけの能力を持つようになったからだ。

こうしたテクノロジーの進化と、社会への普及、新しいビジネス、サービスの広がりは突然可能になったものではない。

『ザ・セカンド・マシン・エイジ』では、こうしたテクノロジーの進化が社会のイノベーションを可能にする3大条件として、「コンピュータ技術の指数関数的高性能化」、「大量の情報のデジタル化」、「組み合わせ型イノベーション」の広がりをあげている。

このうち1つめの「コンピュータ技術の指数関数的高性能化」は、かつてインテルの創業者ゴードン・ムーアが60年代に、コンピュータの素子の演算能力は約1年ごとに2倍になっていくと予言して以来ほぼ一貫して続いている。それはコンピュータの高性能化だけでなく、高性能なコンピュータがどんどん安くなっていくことでもある。実際には1年ごとではなく、18か月ごとに2倍程度の伸びのようだが、それでもコンピュータの性能が指数関数的に伸び続けるというムーアの法則は生きていると言えるだろう。

近年シリコンウェハーとトランジスタからなるコンピュータの進化は限界に達しつつあると言われている。これはトランジスタの大きさが半導体の原子に近づいていて、原子を半分に割らなければトランジスタをサイズダウンできないという壁にぶつかってしまうというのがその根拠になっている。

しかし、この限界を突破するための、まったく新しいテクノロジーがすでに現れている。それが炭素原子を網状に結合させた円筒、カーボンナノチューブ（CNT）だ。CNTは半導体の性質を持ち、シリコン半導体の配線幅の限界が50～100ミリメートルと言われるのに対し、

10ミリメートル以下の極細配線が可能になると言われている。

CNTコンピュータについては、2013年にスタンフォード大学の研究チームが演算に成功しており、実用化されればこれまでよりはるかに省電力で高速演算が可能なコンピュータが誕生する。これまでもコンピュータは進化の限界が言われてきたが、そのたびに新しいテクノロジーが生まれ、ムーアの法則を継続してきた。これからもコンピュータの高性能化は続いていくだろう。

今確実に言えるのは、このコンピュータの指数関数的な高性能化・低価格化がなければ、インターネットの普及も高度なシステムによる社会や産業のイノベーションも興らなかったということだ。そしてこれからも、コンピュータの進化が新たなイノベーションを可能にしていくだろう。

2つめの「大量の情報のデジタル化」は、画像や音声、温度、位置、速度など、世の中にある膨大なアナログ情報をデジタル化するシステムの誕生・普及で、あらゆる情報を高速で処理・伝送・複製できるようになったことをさしている。これによって世界のあらゆるものがネットワークを通じてリアルタイムでつながる仕組みが可能になった。つまりIoTだ。

もちろん大量の情報のデジタル化は、コンピュータの高性能化があって初めて可能になる。この2つのテクノロジーの進化があるレベルに達したことによって、IoTというイノベーションをもたらし、社会を大きく変えていこうとしているのだ。

あらゆるものをつなぐIoTがイノベーションを生みだす条件

あらゆるものをリアルタイムでつなぐＩｏＴは、人類・社会が初めて体験する新しい仕組みであり、その組み合わせは無限だ。ＩｏＴをどう活用するかによって、産業も社会も大きく変わる可能性がある。これがＩｏＴの衝撃と言えるだろう。

しかしＩｏＴをただ「導入」すればいいということではない。何のために何をどのようにつなぎ、そこからどんな価値を生みだすかを考えなければ、ＩｏＴは何ももたらさない。それはかつて多くの企業が80年代、コンピュータライゼーションの時代にただコンピュータメーカーからコンピュータを導入して、たいした成果をあげられなかったのと同じだ。

しかも、かつてのコンピュータライゼーション時代のシステムとちがい、ＩｏＴの仕組みは、はるかに複雑だ。それは一企業の枠を超え、他企業・他業界、さらには個人とつながり、効果的に協働・連携することを可能にする。

『ザ・セカンド・マシン・エイジ』では、テクノロジーが社会にイノベーションを生みだすための3番めの条件として「組み合わせ型イノベーション」をあげている。テクノロジーもそれを活用する企業も、他のテクノロジー分野、他の企業・業界とコラボレートすることによってイノベーションが生まれる。ＩｏＴも従来の組織やリソースにこだわらず、外の世界と積極的に結びつくことで初めて生きた仕組みになる。ＩｏＴやクラウド上のビッグデータ、ＡＩなどの技術を組み合わせることで実現できるソリューションは無限大だ。

IoTがもたらすのは
無限のリソース活用法

IoTの活用による企業・業界・個人の枠を超えたコラボレーション、そこから生まれるイノベーションと言うと、何かこれまでの産業や社会の仕組みが破壊されてしまうような印象を抱くかもしれないが、これは社会構造の破壊といった話ではない。あらゆるものをつなぐことが可能になったことで、産業・社会のリソースをもっとはるかに効率的・効果的に活用できるようになるという話なのだ。

これまで日本企業は、垂直統制型の産業モデルで様々な改善によって効率化を実現し、生産性を高めてきた。しかし、日本企業の競争力を高めてきたとされるこうした効率化の努力は、費用対効果という観点から見れば、それほど効果的だったとは言えない。

日本型の改善は仕組み・システムのイノベーションよりも、はるかに大きな部分を人の努力に依存することで達成されてきたからだ。新しい技術や仕組みを導入するための人材教育はもちろん、現場での活用が始まってからも、様々なケースで発生する問題をシステムの社内ユーザーたちや現場の作業者たちが共有し、組織として改善していくために知恵を絞るなど、膨大な努力が積み重ねられてきた。こうした努力は仕組みや技術の革新というレベルを超えて、人と組織のDNAに埋め込まれることにより、日本企業独特の強みとなった。しかし、そこに投じられた人という高価なリソースの負担・労働時間を考えると、決して効率的なものとは言えないのだ。

垂直統制型モデルでのこうした効率化が限界に達し、日本企業も新たな解決策を模索するようになったが、どの企業もこれからの事業がどうあるべきか、さらに業界や産業がどうあるべきかといった、全体的なビジョンがないまま、既存の組織・リソースの部分的な手直しに終始しているように見える。

そもそも日本人は部分最適、枝葉を改善し、磨き上げることは得意だが、全体最適、物事を俯瞰して考えることは苦手だ。そのため企業の改革においても、これまでのビジネスの延長線上で部分修正することにこだわってしまう。しかし、垂直統制型のビジネスモデルでこのまま改善を続けても、費用対効果が期待できる余地は限られている。

たとえば日本の家電メーカーは優れた技術とそれを商品化するノウハウを持ちながら、時代のニーズの変化に対応してビジネスモデルを根底から変えることをせず、従来の延長線上で技術の高度化、商品の高機能化にこだわったため、市場での競争力を失ってしまった。

日本企業、特に産業をリードする企業が行わなければならないのは、企業・産業をネットワークとして俯瞰した水平協働型のイノベーションだ。水平協働型ネットワークとして産業・社会を見渡したとき、垂直統制型モデルでは見えなかったリソースの活用法が見えてくる。ＩｏＴなどのテクノロジーとシェアリングエコノミーの発想を用いれば、無限のリソース活用法が生まれてくるのだ。

IoTでリソースの非稼働部分を見つけ出し、有効活用する

すでに何度か指摘したように、企業には多くの活用されていないリソースが存在する。企業がこれを解放して有効に活用・シェアすれば、いくつもの相乗効果が生まれる。

お互い使っていない部分のリソースをシェアすることで、生産性の向上だけでなく、ユーザーに新たな価値を提供してUXの最大化を実現することができる。さらに企業・業界の枠を超えたデータ活用により、広く産業・社会のネットワークを俯瞰できる視座も手に入れることができる。また、ビッグデータを活用すればするほど、そこに使われるAIシステムはより賢くなり、ユーザーや社会に提供する価値をより高度にしていくことができる。

このようにリソースの非稼働部分は、その活用、そのためのリソースの解放・シェアリングによって、企業に大きな価値を生みだしていくダイヤの原石なのだ。

問題はこの非稼働部分が、企業の常識では見えないという点にある。リソースはモノであれ、場所であれ、仕事であれ、設備であれ、そこにかかるコストは固定費として予算に計上されてしまえば、費用対効果を問われることなく経営の中に組み込まれてしまい、どのリソースがどれだけ活用され、どれだけ活用されていないかが見えなくなる。

元凶は原価計算の配賦という方法だ。すべてのコストを配賦によって事業や製品に割り付けてしまえば、経理上の整合性が保たれる。事業が利益を生まなくなろうと赤字に転落しようと、会計のルールでは固定費の部分が問題になることはない。「このリソースは○％しか稼働していな

い」「この期間・この時間帯に非稼働状態が発生している」といった判断は生まれようがない。

つまり配賦は、リソースの稼働・非稼働について誤った見方を生み、しかも見えた気にさせてしまうたちの悪い仕組みなのだ。

しかし、IoT化が進み、リソースの稼働状況が一目瞭然になればなるほど、この非稼働な部分が白日の下にさらされることになる。さらに一歩進めば、リソースの実稼働がいくらに相当するのか、非稼働時のリソースがいくらの損失を生みだしているのかを意識することができるようになる。つまり隠れていた非稼働部分の「見える化」だ。

非稼働が目立つリソースについては、「会社・事業にとってどのような価値を創出しているのか?」「そもそも会社で所有すべきものなのか? シェアすべきものなのか?」など、その意味を深く追求し、判断していくことができるようになる。

こうしたリソースの非稼働部分を解放し、社内・社外と共有し、事業のUX最大化に寄与するように提供できれば、それは宝の山に変わる。これがIoTによって実現できるシェアリングエコノミーだ。つまり企業には、業界を超えてリソースを融通し合うことで、UX最大化を軸としたシェアリングビジネスを創出していく潜在力、新たなユニコーン企業をいくつも生みだしていく可能性があるのだ。

社内でリソースを解放・シェアする方法
――オフィスシェアリング

次にリソースの非稼働部分を見える化し、稼働させるには具体的にどうすればいいかを、実例に沿って見ていこう。これは私の会社シーオスが実際に行っているシェアリング、そしてこれからビジネスとして広げていこうとしているシェアリングだ。

シーオスではオフィスの会議室や社有車など、通常は固定費として計上され、事業部に配賦されるリソースを社内でシェアしている。すべてのリソースの稼働状況を時間単位で把握しているので、どの事業のためにどの部署が使ったか、いつ稼働していなかったかなど、稼働状況は常に把握されている。

リソースを解放・シェアするときのポイントはまずホストを決めることだ。通常の会計のように会社の固定費として計上するのではなく、最もそのリソースをよく使う部署をホストとし、その経費としてチャージする。ホストが使っていない時間帯を他の部署に解放し、使用した部署に使った時間分だけチャージする。

普通の会社のように、オフィスのスペースや社有車などのリソースを総務部が管理すると、不足することを恐れてどうしても過剰にリソースを用意しがちになり、これがかなりのムダを生む。

しかし、それぞれにホストを決めれば、その人がリソースを使う場合はもちろん、使わなくてもホストにチャージされるので、空いている時間は他の人たちに貸し出そうとする。つまりエアビーアンドビーのホストが部屋を貸すように、他の社員とシェアするのだ。他の社員もそれをホストから借りれば自分にチャージされるので、コストを意識するようになり、本当に必要なときしか借りない。これによってリソースの活用は健全化し、ムダは削減される。

たとえば社有車のうちの1台は私がホストになっていて、使わない時間は他の社員に貸し出している。同様に他の社有車も、一番利用頻度が高い社員がホストになっていて、他の社員とシェアしている。さらにシーオスでは休日に社員が社有車を使用することができる。もちろん有料だが、料金はレンタカーやカーシェアリングサービスより低く設定されている。

これは企業の枠から解放されたPtoPシェアリングエコノミーへの第一歩となるリソースの活用形態と言えるだろう。

また、シーオスでは社員たちが自分の所有物や特技を他の社員やその家族などへ貸し出すコミュニティ活動も行っている。たとえば日本刀を趣味で所有している社員がいて、刀を研ぐために高価で高品質の砥石を持っている。彼はこの砥石と刃物を研ぐという特技を利用して包丁研ぎのサービスを行い、好評を博している。頼んだ人は普通の家庭にある砥石では出せない切れ味を得ることができ、サービスを提供した人は高価な砥石にかかったコストの一部を回収することができるわけだ。

こうした個人的なシェアリングは会社のリソースシェアリングではないが、会社の中に水平協働型のコミュニティを作り出すことに貢献している。

地域でリソースをシェアする
――シェアッター

しかし、社内でリソースをシェアしているだけでは、リソース活用に限界がある。コミュニティを社外に拡大すれば、シェアリングという仕組みはさらに効果的に機能するようになる。空き時間とそれを使いたいというニーズは、参加者が多ければ多いほどマッチングがしやすくなるからだ。

そこでシーオスは、シェアッター（Sharetter）というシェアリングのサイトを企画し、現在そのサービスの立ち上げに向けて準備を進めている。これはエアビーアンドビーやウーバーのように地域の企業を中心とした会員が、あいているリソースを提供し、活用する仕組みだ。エアビーアンドビーはスペースに限定したシェアリングサイトだが、シェアッターはスペースだけでなく、グッズ（モノ／商品・部品・材料など）、スペース（空間・施設）、タスク（仕事・作業）、トランスポーテーション（輸送手段／車など）という、企業の4大リソースすべてを扱う。

スペースでは会議室や駐車場、倉庫の時間貸しなどはもちろん、オフィスそのものを使っていない夜間だけ時間貸しするといったことも可能だ。地域のマンションの空き室を企業が借り、社員のシャワー、着替え、仮眠などに使うというシェアリングもある。これはラッシュアワーの電車通勤を避けて早朝出社する人、特に近年急増している自転車やランニング通勤派の人たちにとってとてもありがたいサービスだ。

自転車やランニングで通勤する人たちにはスーツやシャツ、シューズなどグッズのレンタルサービスも大きなニーズがある。仕事に必要な衣服などを勤務地でレンタルできれば、スポーツウエアで通勤できるし、ビジネスウエアを洗濯する手間、クリーニングに出す手間もかからない。仕事用の衣服をクリーニングするというタスクだけを提供する会員が出てくることもありえる。通勤では近くに住む人たちが車に相乗りするシェアライドも有効だ。企業単位だけではなく、個人も参加できるところにPtoPシェアリングエコノミーのよさがある。

シェアリングの状況は、誰が何時から何時まで何を使ったか、すべてシェアッターがリアルタイムで把握している。スペースや車、グッズへのアクセスはシーオスが開発したIoTテクノロジーで管理される。ID認証はAIを活用したシステムで行い、鍵の開け閉めはスマートフォンがスマートキーとして機能する。第2章ではこれらのテクノロジーを一般論として紹介したが、私が経営するシーオスでは、ロジスティクスソリューションを中心とした事業を通じてすでにこれらのテクノロジーを実用化しており、シェアッターでも活用していく。

水平協働型の互助システムがよりよい地域社会を作る

シェアッターの狙いは、より快適なオフィス環境をシェアリングという仕組みで提供していくことだ。

ネット社会の今日では在宅勤務で可能な業務も少なくないが、やはりチームメンバーがオフィスに集まり、コミュニケーションを図ることはビジネスを効果的・効率的に進める上で欠かせない。

しかし、多くの企業のオフィス環境は自宅に比べて快適性・利便性などはるかに及ばないのが現状だ。通勤にかかる時間と労力もムダ・苦痛でしかない。だとしたら、通勤まで含めたオフィス環境を自宅に匹敵するくらい快適にすることは、多くの人たちに大きなUXを提供することにつながる。シェアッターはシェアリング型のビジネスであると同時に新しいUXビジネスでもあるのだ。

また、通勤ラッシュは緩和され、健康な人が増えることで医療保険制度の健全化にも貢献できる。自転車やランニング通勤、シェアライド通勤は省資源・省エネルギーにつながり、持続可能な社会の実現にも寄与できる。

これまでウーバーやエアビーアンドビーなど、シェアリングは個人を軸に広がってきたが、企業の人たちも自社のリソースをシェアすることで、シェアリングエコノミーとは何かを効果的に学ぶことができる。そうした企業が広がれば、持続可能な社会の実現にもプラスになるし、社員やその家族、他社、地域住民のあいだにコミュニケーションが生まれ、地域が活性化していく。

シェアッターはまずシーオスの本社がある、東京の恵比寿エリアでシェアリングサポートサービスを提供し、ノウハウを蓄積して全国へ展開していく計画だ。

重要なのはこれらが水平協働型の互助システムによって広がっていくという点だ。リソースを解放し提供する企業や人には対価が支払われるが、地域のどんな企業・人でもリソースを解放すればホストになりえるし、自社・自分もゲストとして他のリソースを利用できる。余剰リソースの活用であるため、価格は営利事業者のサービスより安くできる。

これからの企業経営は、従来のように企業に必要なリソースをすべて保有するのではなく、こうした互助システム型のシェアリングによって効率化されていくだろう。

異なる事業間のリソースシェアリング
――ロジスティクスとスポーツ関連事業の例

次に、シーオスがリソースをシェアしながら展開しているビジネスと、このシェアリングをさらに発展させて生みだそうとしている新しいビジネスを紹介しよう。

シーオスはロジスティクスのソリューションを事業の柱にしているが、一定の倉庫スペースをリーシングし、様々な企業のためにロジスティクスのアウトソーシングサービスも行っている。何千坪というスペースを活用して何百もの会社とスペース、作業をシェアしており、そこで働く人は、その時々の需要に応じて時間単位で行う作業も異なる。作業者自身はタブレットから指示される作業内容をその都度行うだけでどの会社の仕事をしているかの意識すらない。スペース利用も一定のスペース単位からダンボールのケース単位まで変動でシェアできる。

また序章で紹介したように、シーオスはスポーツとウエルネスを軸とした事業を展開しており、スポーツに関わる雑誌の発行やウェブサイト、イベント、会員組織の運営、グッズの企画・製造・販売などを行っている。この事業で発行される雑誌や製作されるオリジナル商品、ウェブサイトで販売する商品などの保管・配送などもこの倉庫を活用している。自社製品も専用のエリアや棚が存在するわけではなく、日々変化するモノの流れに応じてスペースが確保され、商品の発送が済めばケース単位で他社のために活用される。たとえば雑誌は発行日の直前に大量入荷し、数日間のうちに発送されるため、スペースはその間だけ使われる。

仕事・タスクの管理は、ＰＷＡ（パーソナル・ワーク・アシスト）と呼ばれるモバイルツールを通じて行われる。ＡＩを導入したシステムが倉庫のすべてのケース、作業員の状況を緻密に把握し、リアルタイムで最適の指示を出す。通常の物流倉庫で行われているような作業員のシフト管理はアルゴリズムによって行われ、各作業員は顧客ごとに仕事を担当するのではなく、必要なタスクの性格、作業員のスキルなど様々な条件を総合的に判断した上で、最適なタイムシェアリングが行われている。

ロジスティクス施設をシェアする新規サービス

この倉庫の空きを活用して、シーオスは新たなサービスを立ち上げようとしている。ケース単位、日割りで活用しているため、現状でも通常の物流倉庫よりはるかに稼働効率は高いのだが、これからのシェアリングエコノミーの観点から見れば、まだまだ非稼働部分があるからだ。

たとえば1日の時間帯を見てみると、この倉庫が稼働しているのは基本的に9時〜18時で、夜間は稼働していない。その間、棚を移動すれば広大なスペースが生まれる。棚は元々頻繁な需要の変化に対応できるようすべてキャスター付きになっているため、簡単に移動可能なのだ。

こうして生まれる広いスペースを活用して、様々なスポーツ・イベントが開催できる。プロジェクション・マッピングの技術を利用して、床に自由にスポーツのコートを投影することができるので、幅広い球技系スポーツに対応することができる。

また、シーオスは「スピニングマシン」と呼ばれる固定式自転車を持っており、このマシンを並べて、トレーニングセッションを開催することができる。スピニングはコーチの指導のもと、集団でペダルを回すことにより、楽しく効果的なトレーニングができる。こうした広いスペースを使ったトレーニングセッションは、自転車やトライアスロンなど持久系スポーツを楽しむ人たちに大きなUXを提供することになる。

この倉庫はスポーツに限らず、音楽やダンスなど広い空間が必要な練習やイベントにも活用できる。湾岸の工業・倉庫エリアにあるため、夜から朝までかなりのボリュームで音を出しても、近所に迷惑をかける心配がないのが大きなメリットだ。

さらにシーオスでは倉庫のスペースを活用して、スポーツ系アクティビティに使用される器具などをユーザーから預かる保管サービス、これらを他のユーザー

非稼働時間のシェアリング

とシェアリングするためのサポートサービスをスタートする。

カヌーや自転車、キャンプ用品など、アウトドアスポーツには、かなりの保管スペースを必要とする器具が多い。こうしたものを預かり、クリーニングやメンテナンスを行い、使わないときに貸し出すサービスをシーオスが請け負えば、器具の持ち主にはレンタル料が入り、借りるユーザーは器具を高いお金で買わずに、レンタルで済ますことができる。シーオスにも保管料の他に、レンタル料の一部が入る。これによって、より多くの人がアウトドアスポーツなどのアクティビティを効率的に楽しむことができるようになる。

また、こうした器具を人数分車に積んで遊びに行くとなると、大型のＳＵＶなどが便利だが、シーオスやシーオス社員が所有する車をシェアすれば、自宅にガレージや車のないユーザーでも手軽に最適の車・装備でアクティビティに出かけることができる。

スポーツメディアとのシェアリングで豊かなライフスタイルに貢献する

これに先だって、スポーツ・アクティビティー事業では社外とのシェアリング事業をスタートした。こちらは様々なスポーツやアクティビティ専門誌との連携による、市場のシェアリングだ。

具体的にはシーオスがトライアスロンの雑誌やウェブサイト、グッズの開発製造販売、ＳＮＳ、会員制のスクールやレースなどのイベントなど、メディアミックスで展開してきたＵＸビジネスのノウハウやテクノロジーを、自転車、ランニング、マリンスポーツ、アウトドアなどの専門誌に提供する。

この連携・シェアリングの軸になるのはtyles（タイルズ）というアプリだ。このアプリがメディアになり、様々なスポーツ・アクティビティー分野のユーザー・読者に情報を発信する。

特に重要なのは各市場のヘビーユーザーによるクラブ組織と、彼らを核により多くの参加者を集め、市場の拡大につなげていくための様々なイベントだ。

シーオスではトライアスロン大会や各地での合宿、練習会などと、雑誌・ウェブ・SNSとの融合により、こうしたコア層を創造・育成するノウハウを確立している。さらにロジスティクス事業で開発してきたIoTテクノロジーを活用し、レースの模様をネットでライブ中継する独自の番組も制作できる。

このライブ中継では、スポーツのプロ選手ではなくアマチュアのトップ選手や一般の選手の活躍にスポットをあてる。レース展開は選手の自転車やドローンに装着した小型カメラで中継される。すべての参加選手はGPSタグによってレース中の現在位置がリアルタイムでわかるほか、その選手の速度やピッチ、心拍数などのデータを画面表示することも可能だ。

こうしたこれまでにない情報を届けることにより、ユーザーは新しいスポーツの魅力を発見し、「自分でもやってみよう」という気持ちになる。各分野のユーザーがシェアされ、新しいトライを始める。従来、小さな市場に分かれていたユーザーがクロスオーバーすることで、大きくダイナミックな市場が生まれる。

これまでのビジネスでは「市場のシェア」が市場の排他的占有率を意味してきたのに対し、シェアリングエコノミーにおける「市場のシェア」は複数のプレイヤーが市場を文字通り分け合う・シェアすることを意味する。たとえばこれまでトライアスロン、自転車、ランニングなどそれぞれのメディアが開拓・保有してきたユーザーを互いに分け合う。そこでは市場が閉じられて占有されるのではなく、開放・共有される。つまり同じ「シェア」という言葉が正反対の意味を持つのだ。

そこでは様々な業界・企業がそれぞれの市場を開放・共有することで、単なる数字の足し算ではなく、相乗効果を生みだすダイナミックなコミュニティを創造することができる。ユーザーは解放され、広がったスポーツ・アクティビティーのフィールドで、より自由に新しい楽しさを追求していくことができる。

こうして日本のスポーツ・アクティビティーの人口が拡大し、活動の機会が増えることにより、日本人はより健康になり、豊かなライフスタイルを実現することができる。スポーツ・アクティビティーが普及することにより、地球環境との共生を大切にする意識が高まり、持続可能な社会の実現につながっていく。

tyles が創る専門誌との連携による市場のシェアリング

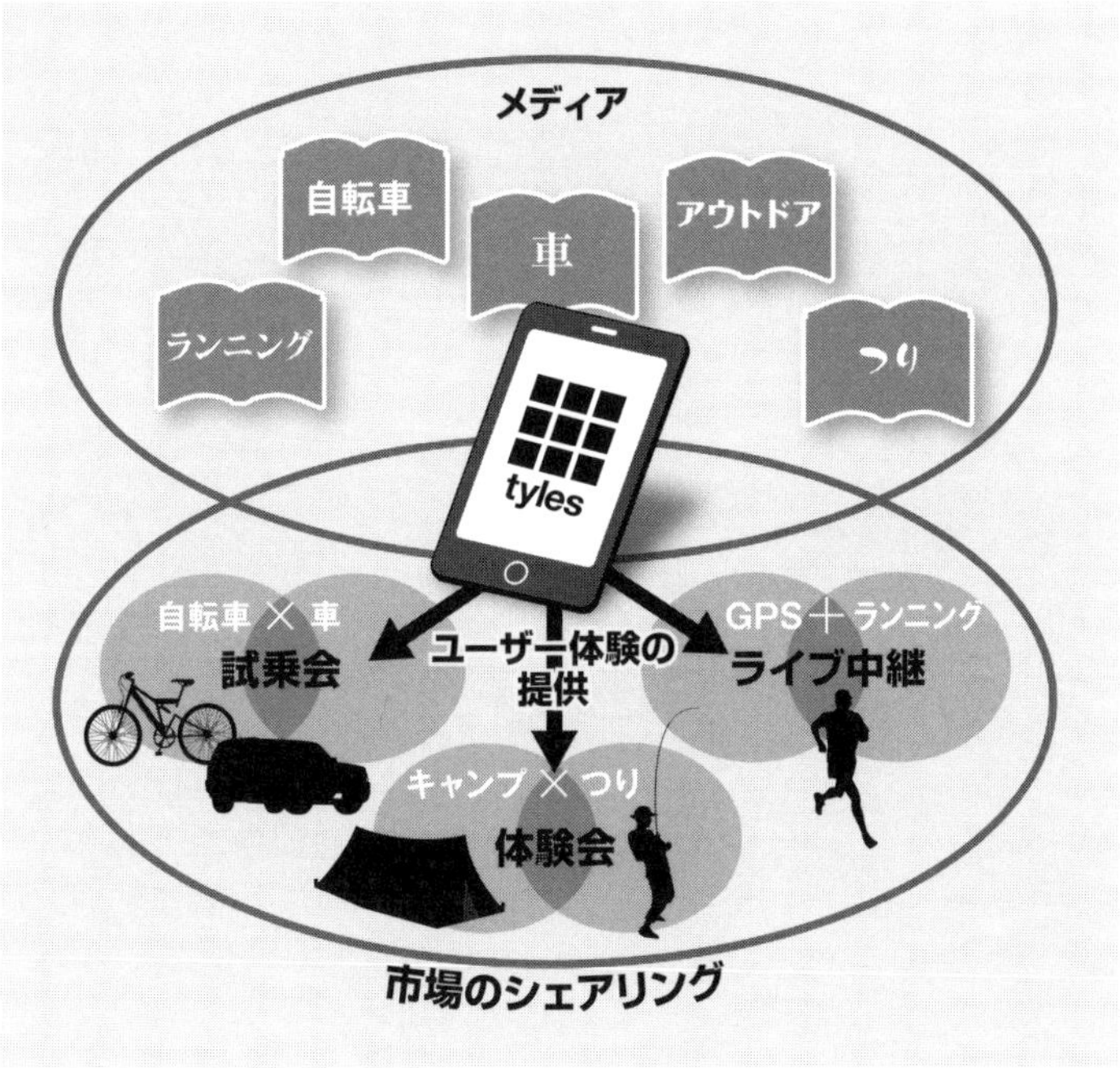

企業を変革するためのリソースシェアリング
——社員の働き方を変える

ここまでは企業の4つのリソースをいかにシェアするかについて見てきたが、今度は社員の働き方とシェアリングについて考えてみよう。これは企業の根本的な改革につながるリソースシェアリングだ。

大企業の組織について、よく「20％の優秀な社員が残り80％の社員を支えている」といったことが言われる。つまりそうした企業は組織が機能していない、いわゆる大企業病にかかっているということだ。なぜそんなことが起こるのか？

組織が巨大化すると、コミュニケーションが複雑になり、関与する人が増え、守るべき手順が増える。次第に顧客・市場まで見ている人が少なくなり、何をするにも最終的な目的が見えづらくなり、組織間の連絡や会社としての手続き・事務処理に追われるようになる。つまり仕事の目的ではなく、手段に対して一所懸命仕事をする人が増えてくる。

こうなると何が必要で何が無駄な仕事なのか、必要だとしても生産性として適切なのか、といったことがわからなくなってしまう。表現を変えれば、リソースの非稼働が見えなくなってしまうのだ。

しかも、日本の企業における仕事は、具体的な仕事・タスクではなく、それを行う人によって括られ、その人の職位によって俸給・コストが決められている。つまりその人が行う具体的なタスクにどれだけのコストがかかっているか、コストが生みだした価値に見合っているのかいないのかが見えない。

こうした大企業病から抜け出す、あるいはこの病気にかからなくする方法がある。それが仕事のシェアリングだ。つまりこれまで見てきたリソースシェアリングと同様に、仕事についてもシェアリングの仕組みを使って非稼働な部分を「見える化」するのだ。

仕組み自体はとてもシンプルで、これまでの事例と同じビジネスモデルの発想を適用すれば、低コストに手間もかからず実現できる。ただし、まずその前に仕事・タスクというリソースと、人材・ヒューマンリソースが企業にとってどういうものなのかを、従来の固定観念にとらわれることなく、もう一度見直す必要がある。

企業は普通、社員の人件費を固定費と考えている。したがって管理会計では事業にかかったコストとして配賦されてしまう。配賦のしかたも、どの事業のどの業務のためにどれくらいの時間働いたかまで把握していないため、事業の売上比率などで大雑把に振り分けてしまいがちだ。そこには隠れた非稼働・無駄が存在している可能性が高い。

その非稼働・無駄をなくすためには、社員の誰が何日の何時から何時までどの業務を行ったかを明らかにする必要がある。これは私の会社シーオスが実践している仕組みだが、私も含めてすべての社員の時間コストがシステムで管理されている。仕事をした時間だけ、その事業・サービスにチャージする。その人がそのタスクに熟練していれば、それだけ時間単価は高くなるが、必要な時間は短くなる。

事業という大きなくくりだけでなく、個々のサービスやプロダクトなど、いくらでも細かい単位でチャージできるので、どのサービス、プロダクトにどのくらいの人件費がかかっているかが明らかになる。儲かっていると思っていたサービス、プロダクトが実は赤字だったということがわかる。

さらに、社員の稼働していない時間もわかるので、負荷がかかっている他の社員と仕事をシェアすることで無駄を解消することもできる。

社員は会社に十分な仕事がない場合、正社員として雇用されるというかたちにとらわれず、ゲストとして複数の会社の仕事を手掛けるといった選択肢もある。その人がスペシャリスト、プロフェッショナルとして有能であればあるほど、ひとつの会社による雇用・所有に束縛されず、より能力が発揮でき、収入も増える働き方を選択することができるだろう。

垂直統制型の日本企業は社員の能力を職能ではなく職位で測ろうとするが、それが非稼働・無駄を生む働き方につながっている。この古い人材評価基準をやめ、その人の能力を反映した職務を基に仕事を構成すれば、その人のコストと提供する価値が明確になる。

こうして社内・社外に水平型コラボレーションが広がっていくことにより、水平協働型コモンズ経済が仕事・事業の現場から生まれ、拡大していくことになる。

すでにＩＴ産業では、企業が社員の副業を容認あるいは奨励する例が増えている。社外で鍛えられることによって社員のスキルが上がり、会社にもプラスになると企業が考えるようになってきたのだ。まだそこにはＰtoＰの水平協働型社会といったビジョンはないかもしれないが、企業にもこうした経済社会の移行に沿った動きが生まれてきていることには大きな意味がある。

シーオスでの間接費用管理例

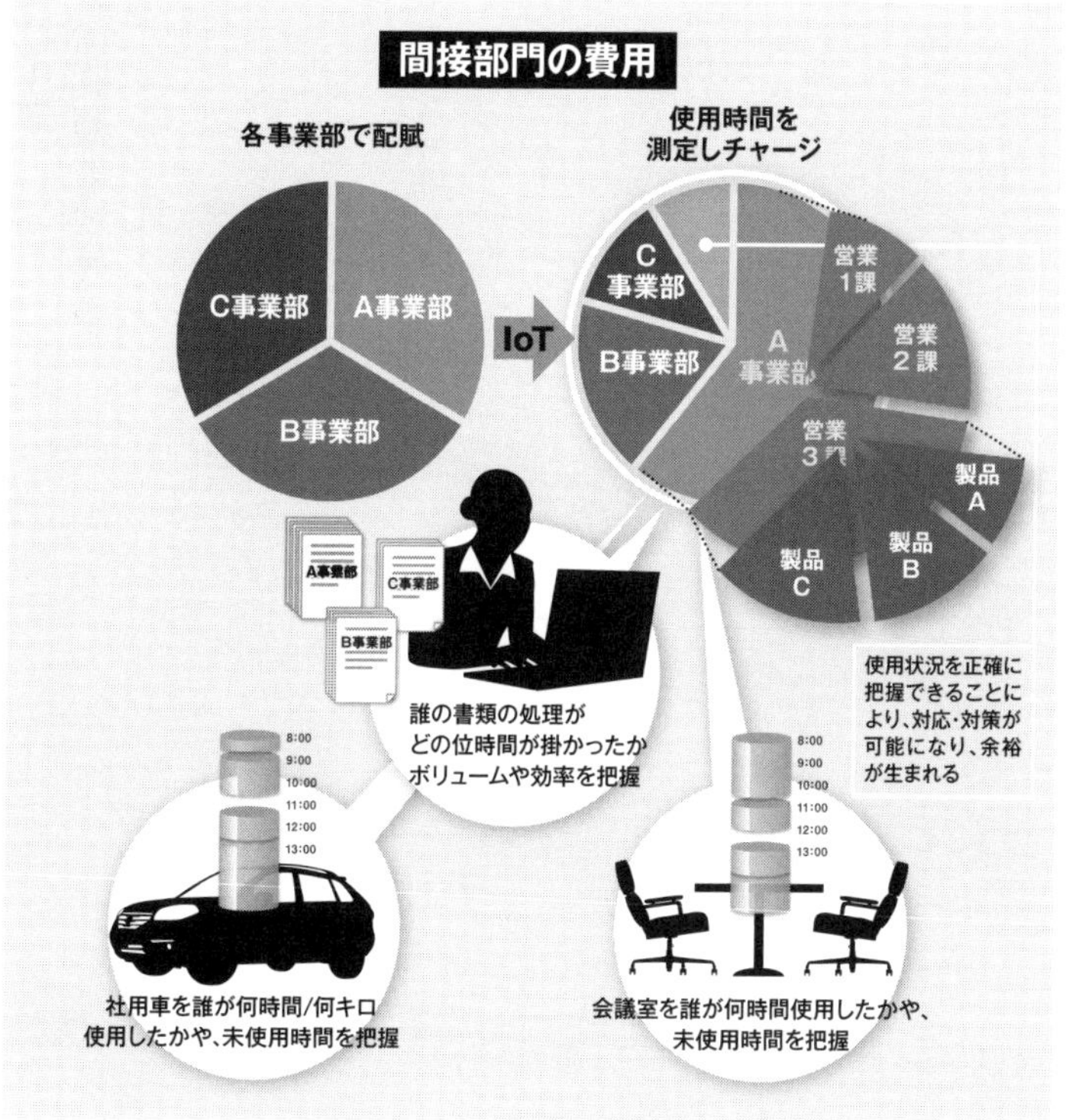

ＩｏＴが経営判断を変える

このように企業のリソース活用を根底から劇的に変えることができるのは、ＩｏＴやＡＩなど新たなテクノロジーのおかげと言っても過言ではない。これらのテクノロジーによって、経営陣は会社のリソースがどういう状態にあり、何が問題なのかを手に取るように見ることができるからだ。

これまで企業の人材やスペース・施設などのリソースは、所有または占有している資産と見なされ、管理会計上は固定費として計上されてきた。変動費として扱われている場合も、実態は固定化されている費用が配賦され、いわば名目上変動費の体裁をとっているだけだった。こうした把握のしかたでは、リソースの稼働・非稼働状況やその責任の所在は明確にならない。

しかも企業のリソースには、子会社化されていたり、本社から離れた広大なエリアに展開されていたりするものも多いため、経営陣はおろか管理部門もその実態を的確に把握することは難しかった。得られるデータは極めて大雑把な数字であり、しかも何がどれだけあるかといった固定された数字にすぎなかった。データの精度を上げようとすれば、人が動いてチェックするしかないため、膨大な手間・コストがかかる。

企業をこうした制約から解き放ってくれるのが、ＩｏＴやＡＩなどのテクノロジーなのだ。これらのテクノロジーを導入すれば、リソースのひとつひとつに配備されたセンサーがこれまでどんな企業も経験したことのない精度・粒度で、リアルタイムの情報をシステムに送り続けて

企業の全リソースをビジュアルプレゼンテーションで「見える化」

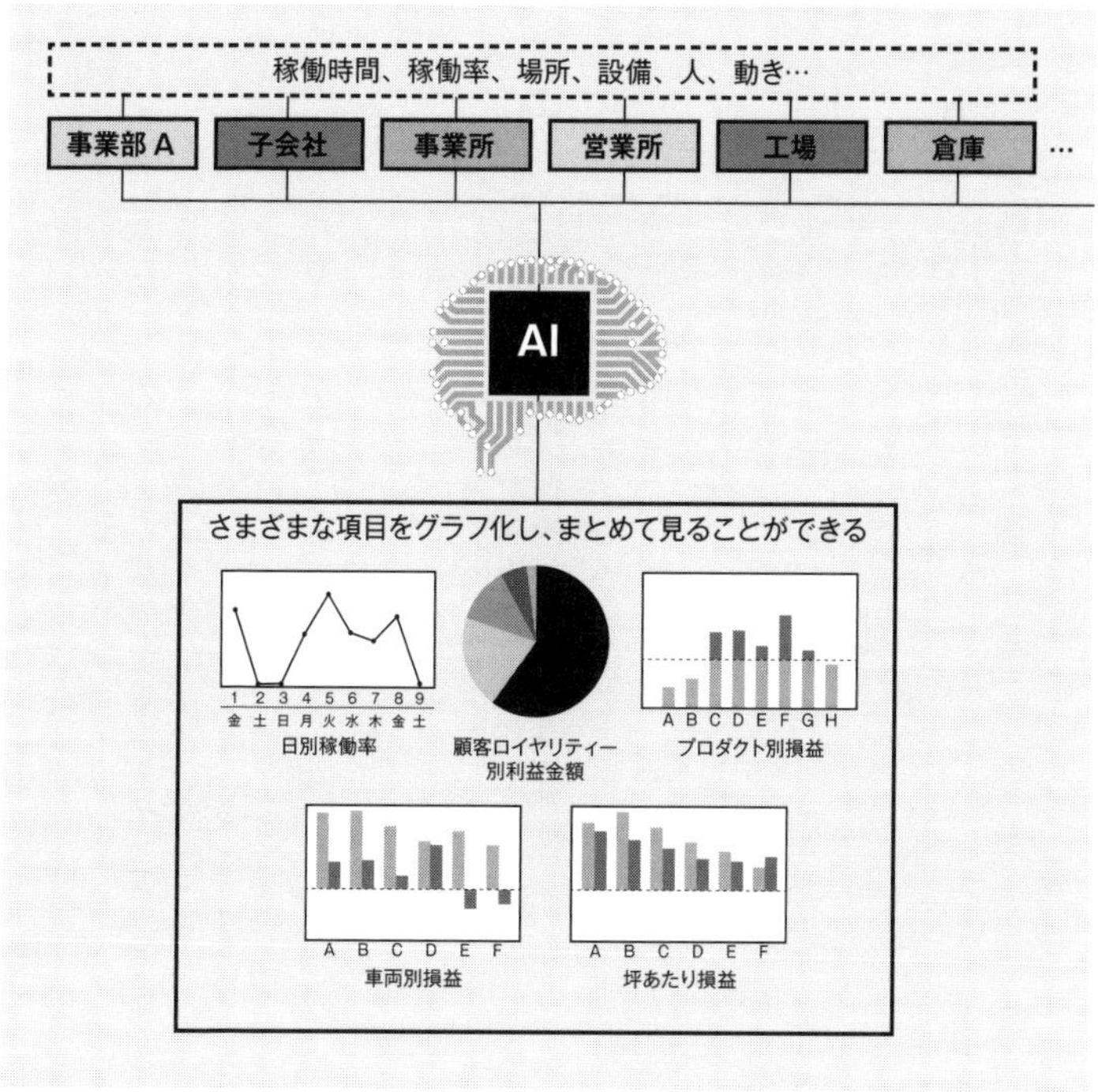

くれる。集められた膨大なデータはＡＩシステムによって解析され、これまで見えていなかった企業・事業の運営状況を明らかにしてくれる。

こうして解析されたビッグデータは、その全体を俯瞰するビジュアルプレゼンテーション（ダッシュボード）システムによってわかりやすいかたちで「見える化」される。経営レベルはリソースネットワーク全体の稼働・非稼働を見渡すことができるので、この稼働ギャップを平準化するにはどうしたらいいかという判断を下すことができる。

しかもこうしたＩoＴシステムのコストは驚くほど安い。すでに紹介したように、使用するセンサーやマイクロコンピュータなどのデバイスも、膨大なデータを送り続ける通信サービスも、ＡＩを用いたクラウドサービスも、極めて低価格で利用できるからだ。できあがったシステムは人の手を煩わせることなく自動で稼働し続け、経営陣にもわかりやすいかたちで情報を届けるので、人件費としてのランニングコストもほとんどかからない。これまでのシステムのように、ユーザー教育にシステム構築の何倍もコストがかかるといったこともない。現在のセキュリティ技術を用いれば、社内はもちろん関連会社や社外とリソースをシェアする際の安全性も担保できる。

こうして企業はコストやセキュリティを心配することなく、自社の非稼働リソースを解放し、社内・社外でシェアすることができるのだ。

ＵＸありきの組織、ビジネスモデルを創造する

企業はIoTによるリソースの解放・シェアリングを実行していくことで、これからの時代を生き延び、成長していくための構造改革を成し遂げることができる。重要なのは、従来の垂直統制型組織によるマイナスの影響をビジネスに与えることなく、新たな時代に求められる水平協働型の組織、ビジネスモデルへと移行していくことができることだ。

しかしそれには正しいやり方がある。UXを最大化するビジネスはこれまでの事業とは別の事業として、UXを最大化する目的だけをもった事業として立ち上げることだ。この新しいビジネスは、同じ目的を持つユーザー同士をネットワークで組織化し、PtoPの運営メンバーとしてビジネスの運営に参加させていく水平協働型のビジネスモデルでなければならない。

これまでの垂直統制型ビジネスでは、大手メーカーを中心とした日本の大企業はユーザーに直接アクセスせず、ユーザーの組織化も行わず、販売・ユーザー対応を系列販社に任せてきた。つまりユーザーを垂直統制ピラミッドの下層に位置付けてきた。そしてユーザーにとっての目的である体験・価値を提供せず、目的を果たすための手段でしかないモノやサービスを上から押しつけてきた。

しかし、ユーザーが主権を握るこれからの経済では、ユーザーに直接アクセスし、最大のUX、最高の価値を提供できた企業が勝者となる。アマゾンやグーグルが既存の業態を破壊し、様々な業界と軋轢を生んでも勝ち続け、成長し続けることができるのは、直接ユーザーを取り込み、これまでにないUXを提供し続けているからだ。

どんな大企業も、ユーザーとのあいだに距離があるビジネスモデルを継続しているかぎり、ユーザーに直接アクセスする新たなビジネスモデル、その時点で最大のUXを提供する新たなビジネスモデルが出現したとたんに、それまで築いてきた土台は崩され、ユーザーを奪われてしまう。そうならないためには、既存の企業自らが直接ユーザーにアクセスし、新たなＵＸを提供できるビジネスを創造していく必要がある。

重要なのは新規ビジネスを既存事業・会社から独立させること

この新規事業は、これまでの垂直統制型ビジネスモデルにおさまらないタイプの新しいビジネスだ。だからこそ企業にとって未来を切り開くエンジンとなりえる。したがって、絶対に既存の垂直統制型組織とは別組織にし、会社・事業部の外に置かなければならない。事業の成り立ちがまったく異なるからだ。

垂直統制型のビジネスモデルはＲＯＡ（総資本利益率）やＲＯＥ（株主資本利益率）などの指標が有効に機能する。しかしＵＸの最大化を目的とする水平協働型のビジネスモデルは、ユーザーの数や活動状況、ロイヤリティー、会員同士のつながり・コラボレーションの活性度など、垂直型とはまったく別の指標で評価しなければならない。つまり従来型の短期的な投資とリターンの効率性ではなく、中長期的な視点とネットワーク型経済の新たな指標で評価されなければならないからだ。

事業の進め方も既存の垂直型ビジネスが明確な事業計画を立てて推進していくのに対して、新しい水平型ビジネスは市場を創り出しながら進めるため、トライアンドエラーを繰り返していく。

しかし、このまったく異なる2つのビジネスモデルを並行して推進しても、新規ビジネスによって既存のビジネスがマイナスの影響を受けることはない。新規ビジネスが既存のビジネスとまったく異なる市場を開拓していくなら、後者の顧客や市場を奪うことはない。もし新しいビジネスモデルが既存ビジネスの顧客や市場を奪うとしても、それは既存ビジネスが元々競争力を失っているからであり、自社から新規ビジネスを立ち上げなかったとしたら、競合他社やまったく新しいプレイヤーに市場を奪われてしまうことになっていただろう。

いずれにしても、古いビジネスモデルによる既存ビジネスは市場の支持を失い、長期的に見れば収縮していく運命にある。そうなれば設備や人材など既存リソースも縮小していかざるをえない。これに対して、新規ビジネスは成長するにつれて、新しい人員を必要とする。この人材の需給バランスに応じて、企業は人材をシフトさせていけばいい。設備などのリソースは、新規ビジネスで使えるものは使い、必要ないものは他の企業に貸し出すか売却していくことになるだろう。こうして古いビジネスモデルから次第に新しいビジネスモデルへ転換していくことができる。

つまり企業はこれまでの垂直統制型ビジネスモデルを維持しながら、ユーザーに直接アクセスするこの新しい水平協働型ビジネスを展開していくことができる。この2つのモデルが併存しながら、前者から後者へ移行していく過渡期こそ、企業にとって重要かつ偉大な変革期となる。それはどんなに長い歴史を持つ企業にとっても、創業期と同じくらい大きく、根本的な改革となるだろう。なぜなら、歴史的な転換期に生き残りをかけて、新しいビジネスを創造していくという挑戦だからだ。

リソースシェアリングが可能にする企業の痛みなき構造改革

この変革を成し遂げていくために重要なのが、これまでの事例で説明してきたリソースシェアリングであり、これを実現するためのIoTテクノロジーだ。新しいビジネスで活用されるリソースは既存のビジネスモデルにこだわらず、UX最大化のために最適のものでなければならない。既存のリソースを活用することにこだわってはいけない。なぜならそれは従来型のサプライサイドの都合をユーザーに押しつけることでしかないからだ。

もちろんリソースをすべて外部から獲得しなければならないわけではない。重要なのは新しいビジネスモデルにおいてUXを最大化するためのリソース活用であり、そこで有効に活用できるなら既存のリソースも活かすことができる。外部から調達するリソースも、従来型の経営のように設備を購入したり新たに建設したりする必要はない。自社のリソースを解放し、外部に貸し出すように、必要に応じて他社のリソースにアクセスし、活用すればいいだけの話だ。

活用するのは企業のリソースだけとはかぎらない。すでに何度も紹介してきたように、個人もリソースとして活用されるのがPtoPのシェアリングエコノミーだからだ。そこではユーザー個人もホストとなったりリソースを提供したりする。すべてはIoTによるネットワークシステムが最適化し、ユーザーも運営側もそれぞれにメリットを得ることができる。

この新しいビジネスを既存の組織の外で展開していても、これまでの垂直統制型ビジネスモデルがマイナスの影響を受けることはない。むしろリソースの一部をシェアすることで、非稼働部分を有効活用し、利益を得ることができる。

もちろんこれまでの事例で見てきたように、垂直統制型組織自体の内部でも、ＩｏＴシステムの導入によってリソースの非稼働部分を削減し、効率化を進めることができ、生産性を上げることができる。

こうして企業は既存の非稼働リソースを解放しながら、ユーザーにとっての手段（モノ）ではなく、目的（ＵＸ）を提供していく水平協働型モデルにより、ビジネスを拡大していくことができる。この新しいビジネスによってユーザーにＵＸを提供する比率を高めながら、垂直統制型から水平協働型への移行を進めていくことができる。

つまり水平協働型モデルへの移行という改革は痛みを伴うのではなく、企業にメリットをもたらしながら推進できるのだ。

第4章 シェアリングエコノミーを支えるＩｏＴテクノロジー

無意識で使っている高度なエネルギー

この本ではシェアリングエコノミーや、リソースの有効稼働を可能にするＩｏＴなどのテクノロジーについて再三触れてきた。前章でも述べたように、企業のリソース活用を根底から劇的に変えるためにはこうしたテクノロジーが不可欠であり、シェアリングエコノミーとは何かを理解する上でも、テクノロジーは避けて通れないからだ。

たとえばこれまでも述べてきたＩｏＴだが、正確に言えばＩｏＴは技術ではなく、インターネットを通じて世の中のあらゆるものにアクセスできる仕組みであり、そこには様々な技術が組み合わされることになる。すなわちモノを感知・観測するセンサーや、そこから得られるデータを送る通信ネットワーク、膨大なデータを管理・保管するストレージ、ビッグデータを解析するＡＩシステムなどだ。

こう書くと、ＩＣＴエンジニアでなければ理解できない高度で複雑なテクノロジーの話になると思うかもしれない。しかし、これからの時代を支えるテクノロジーの大きな特徴は、技術レベルがどれだけ高度でも、それを活用するユーザーにとっては極めて使いやすく、テクノロジーの存在・介在すら意識させないという点だ。事実、我々はすでにこれらのテクノロジーを日常生活で、気づかないうちに使っている。その代表がスマートフォンだ。

携帯電話の進化形として登場したスマートフォンは当初、「携帯電話なのにモバイルＰＣの能力を持っている」といったことが注目されたが、次々登場する新機能によって、それらを超えた新たなデバイス（機器）として使われるようになり、今も進化を続けている。

たとえばＧＰＳ機能や地図機能などを組み合わせてリアルタイムで道案内してくれるナビゲーションツールになるし、ジョギングやサイクリングの速度計にもなる。走ったルートや距離を記録したり、仲間とシェアしたりもできる。設定によってプリペイドカードにもなるし、ＩＤ認証システムの端末にもなる。スマートフォンの登場によって、我々の生活は大きく変わり、ＵＸの可能性は大きく広がったと言えるだろう。

スマートフォンのこうした機能には、様々なテクノロジーが使われていて、それを我々は意識することなく、身近で便利なツールの機能として日常的に使っているのだ。

そしてもうひとつ注目に値するのは、我々がデバイスとして使っているこのスマートフォンが、

ＩｏＴのセンサーとしても機能しうるということだ。たとえばＰtoＰのシェアリングエコノミーによるビジネスモデルの事例でも紹介したように、このスマートフォンというセンサーによって、その人がその仕組みでどんな役割を果たすべき人かというＩＤ認証や、今どこで何をしているかといった情報をリアルタイムで共有することができる。同時にスマートフォンはその仕組みの中で注文を出すゲストのＰ（ピア）や、サービスを請け負うホストのＰのコミュニケーションツールとしても機能する。こうした使われ方にも、様々なテクノロジーが活用されることになる。

そこで、すでに我々に身近なツールであり、これからのシェアリングエコノミーでも重要なデバイスとして使われるこのスマートフォンを例に、テクノロジーの概要を紹介していこう。

「スマートフォンの何が画期的なのか？」にテクノロジーのすべてが凝縮されている

スマートフォンのテクノロジーを理解する上で重要なのは、なぜこのデバイスがこれほど急速に普及し、我々の生活を変えたのかということだ。

スマートフォン以前に普及していた携帯電話にも電子メールやインターネット検索、データ通信、カメラなど様々な機能があったが、スマートフォンがあっというまに普及すると、携帯電話は「ガラパゴスケータイ（ガラケー）」と呼ばれるほど古い道具になってしまった。

もうひとつ、モバイル端末として１９９０年代初頭にアップル社が発売したニュートンを先駆とするＰＤＡ（携帯情報端末）というモバイル機器があり、様々な電子機器メーカーが競っていた。

このＰＤＡもスマートフォンの登場であっというまに駆逐されてしまった。

一体なぜスマートフォンは携帯電話やＰＤＡにすばやく取って代わり、広く普及したのか？その理由は大きく分けて５つある。そしてこの５つの理由はそのままテクノロジーのジャンルとその特色・役割につながっている。

１　デバイス／センサーとしての高機能化・高性能化

スマートフォンは高性能なコンピュータであり、その処理能力は少し前のワークステーションなみだと言われる。それぞれのコンピュータには得意・不得意があり、１つの指標で処理能力の全てを比較することはできないが、最もシンプルな指標の１つは１秒間の演算回数（FLOPS：Floating-point Operations Per Second）である。

例えば、１９８５年に発売され、その後５年間にわたり世界最速の座に君臨したスーパーコンピュータ、クレイ ツーは1.95 GFLOPSであった[21]。一方、スマートフォンの場合、アイフォーン４でクレイ ツーに肩を並べる1.4 GFLOPSを実現し、アイフォーン６ではその約80倍となる115.2 GFLOPSを実現している。

最新のアイフォーン７の正確な演算能力についてはまだ入手できていないが、プロセッサは４コアの「A10Fusion」で、２つの高性能コアと２つの高効率コアからなる。これによりアイフォーン６ｓの「A9」と比べてＣＰＵの性能が40％、グラフィックスの性能が50％向上しているという[22]。

スマートフォンの機能・性能は、コンピュータのように処理能力やメモリ搭載量、画像表示サイズなどで語るだけではおさまりきらない幅・多様性を持っている。

たとえばＧＰＳやジャイロ（慣性で角度を検出する機能）、カメラ、マイクなどのセンサーが搭載されており、これらの機能によって様々なことができる。携帯電話にはカメラとマイクは搭載されていたが、ＧＰＳとジャイロセンサーは搭載されておらず、そのため位置や動き（加速度）、方向を把握することができなかった。

先に触れたように、スマートフォンがナビゲーション機能を果たせるのも、ジョギングやサイクリングで速度やピッチ、走ったルートなどがわかり記録できるのも、このＧＰＳとジャイロが高性能コンピュータの情報処理能力と組み合わさることで可能になった。まさに至高のＵＸと言える。

2　通信機能の進化

この通信機能というのは、携帯電話のいわゆる４Ｇ ＬＴＥ（第４世代移動通信システム）だけでなく、他のデバイスと近距離・施設内で情報をやりとりする無線ＬＡＮやブルートゥースといった通信も含まれる。こうした携帯電話にはなかった通信機能が搭載され、しかも通信料が安くなったことでスマートフォンの役割は飛躍的に広がった。
４Ｇ ＬＴＥのデータ通信料は上限固定、つまり使い放題という料金設定が主流であり、費用を気にせず通信できる。かつてはメール１件送るにも通信料を気にしたものだが、今では料金を気にせず使うことができるため、常につながっていることが当たり前になった。この常につながっていられることによって、多くの新しいサービス・機能が生まれている。

たとえばフェイスブックでは近くに友達がいると、「近くに友達がいます」というメッセージがスマートフォンに表示されるが、これも常時つながっているからこそできることだ。

3　データ管理方法の進化

センサー機能が進化し、デバイス・端末の利用形態が飛躍的に広がり、常時接続が当たり前になると、膨大なデータがやりとりされるようになる。これらのデータを扱うために、新しいデータの管理方法が必要になった。

従来は端末にデータを保存し、端末の中で処理するのが当たり前だったが、常時接続が当たり前になったことでその必要はなくなり、必要なときに必要なデータへインターネットを通じてアクセスすればよいという発想が生まれ、クラウドという新しいデータの管理方法が生まれた。インターネット経由で必要なときにアクセスできるので、常に最新のデータが取得できるし、共有も容易になる。データの保存や移動、加工などはクラウド側のサーバが行うので、膨大なデータを利用できるにもかかわらず、端末側のメモリ・データ保存能力は必要最低限でよい。

このクラウド・コンピューティングは、すでに紹介したようにアマゾンがＡＷＳを始めたことにより急速に普及した。

4　多様なアプリケーション

もうひとつ、スマートフォンの爆発的な普及を可能にした要因として、ユーザーが手軽にダウンロードして使える多彩なアプリケーションがあげられる。スマートフォンユーザーのほとんどは、それがコンピュータのアプリケーション・システムと同じ種類のプログラムだと意識することもなく、「アプリ」という名称で呼び、生活の一部として活用している。

アップルはアイフォーンを世に送り出すに当たって、このアプリケーションを誰でも開発できるようにし、ユーザーがアップルストアというオンラインショップからダウンロードできるようにした。そこには課金の仕組みもセットになっていて、開発者はアプリケーションを100円といった低価格で販売することが可能になった。それまでこれほど少額のアプリケーションを手軽にやりとりできる仕組みは一部のマニアの間にしか存在しなかった。ユーザー側もこの手軽さによって、気軽にアプリケーションを購入・活用できるようになった。

この仕組みによって、世界中の開発者が競ってアプリケーションを開発・提供し、世界中のユーザーに支持されたアプリケーションのみが広まることになった。そして、より使いやすく楽しいアプリケーションが次々と生まれ、ユーザーの支持を集め、それがさらに優れたアプリケーションの開発につながっていくという好循環を生んだ。

それまで端末で使えるアプリケーションといえば、あらかじめインストールされているか、後から購入するにしても、少ない選択肢の中からしか選ぶことができなかったのだが、この手軽で多彩なアプリケーションが出現し、スマートフォンはそれまでなかった大きなUXを生みだすことに成功した。

5　AIによるUXの高度化

いつでもどこでもつながり、多彩な用途に使える便利なツールとして爆発的に普及したスマート

スマートフォン普及につながったテクノロジーの進化

1
デバイス/センサーとしての
高機能化・高性能化
情報処理能力、GPS(位置)、ジャイロセンサー(傾き)、加速度センサー(慣性)、照度センサー(明るさ)、近接センサー(距離)
2
通信機能の進化
4GLTE、5G(4Gの100倍)、無線LAN、NFC、Bluetoothなどの様々な通信機能。料金定額化からの常時接続による新しいサービスの誕生
3
データ管理方法の進化
データを端末に持たず、クラウドによる新しいデータの持ち方へ進化
4
多彩なアプリケーション
低価格で、手軽にダウンロードして使える多彩なアプリケーション
5
AIによるUXの高度化
AIがしゃべるだけで言葉を認識。内容を判断して回答したり、対応するアプリを呼び出したりする新しいUX
AI

フォンだが、最後に忘れてならないのは、この手軽なツールにもＡＩが活用されているということだ。

たとえば現在位置から目的地に行くためのルートを検索する場合を例にとってみよう。

まずスマートフォンに「渋谷まで行くには」などとしゃべりかけると、その音声による言葉が適切な文字情報に変換される。この変換は端末側で行われているのではなく、インターネットの向こう側にあるサービスのシステムで行われていて、そこには音声認識というＡＩテクノロジーが使われている。音声データをシステムが保持している膨大なデータと比較しながら、文字情報へと変換しているのだ。

さらにこのシステムは、変換された文字情報を基に、ユーザーの「現在位置から渋谷までの道順を検索したい」という要望を把握し、ルートを検索し、ユーザー端末の地図上に回答・表示する。この要望の把握やルート検索にもＡＩテクノロジーが使われ、精度を上げている。

ＡＩテクノロジーを利用するには膨大な処理能力が必要であり、従来は個人ユーザーがこのようなかたちで手軽に利用できるものではなかった。それを可能にしたのは通信機能の高度化やクラウド・コンピューティングなど、他のテクノロジーとの融合だ。

スマートフォンの爆発的な普及は、これまで見てきた5つの理由がそれぞれ単体ではなく、融合・結合することによって生みだされた。すなわちデバイス／センサーの多機能化・高性能化、常時接続が当たり前の高速データ通信、膨大なデータを管理できるクラウド・コンピューティング、多彩なアプリケーション、そしてユーザーに意識させないくらい自然なＡＩテクノロジーによって、スマートフォンはこれまでに人間が経験したことのない大きなUXを生みだし、提供することができたのだ。

そしてこの5つの要素こそが、これからの社会を変えていくテクノロジーにほかならない。PtoPシェアリング・エコノミー、特にその産業的・社会的基盤となるPtoPロジスティクスもこれらなしには実現しない。

5つの要素は階層構造になっている。そしてスマートフォンの例で見たように互いに結びつくことで機能し、大きなUXを生みだす。

この5階層を1つずつ、詳しく見ていこう。

第1層 デバイス

重要なのはデータを自動収集するセンサーリング技術

デバイスは一般的に機器、装置を意味するが、シェアリングエコノミー社会を支えるIoTテクノロジーのデバイスとは、データを収集する端末のことだ。中でも重要なのは自動でデータ収集できる仕組み、センサーリング技術だ。客観的に表現できるデータであれば、人間が把握する情報（実際にはそれ以上の情報）はすべてセンサーによって収集可能である。

データを収集するという意味では、古くはホストコンピュータの入力端末がデバイスだったし、最近ではパソコン端末もデバイスだ。しかし、これらは人が入力する、すなわち手動でデータを収集する必要がある。

これに対して、近年目覚しい進歩をとげたのが、自動でデータを収集するセンサーとしてのデバイスだ。かつては工場などＦＡ（ファクトリーオートメーション）機器と呼ばれる分野で機械の動きや、加工される部品・製品をチェックするために用いられていたが、近年、裾野が大きく広がっている。

デバイスに使われる半導体やセンサーなどの部品が安く製造され、大量に出回るようになり、以前はコスト的に見合わなかった幅広い用途に使えるようになったからだ。その背景にはアイフォーンをはじめとするスマートフォンの普及・量産があると言われる。これによってデバイスが進化すると同時に劇的に安く製造できるようになったのだ。

課題は電力消費効率

ただし、このままＩｏＴが急速に広がっていくには、デバイスの観点からひとつ大きな課題がある。どのデバイスも電気によって動くので、電力をいかに供給するかが問題になるのだ。

小型電子機器の電力は電池で供給されるのが一般的だが、何らかの処理、例えば通信、サイズ圧縮、暗号化などの処理を行うと電力消費量が大きくなり、電池のもちが悪くなってしまう。スマートフォンのように人が持ち歩くものや、ロボットなどは充電すればよいが、ＰtoＰロジスティクス、シェアリングエコノミーを支えるＩｏＴのデバイスは、広いエリアに膨大な量を設置し、できるだけメンテナンスフリーで自動データ収集を行う必要がある。

簡単なセンサーであれば、ボタン電池1個で数年は稼働可能だが、永遠というわけではないし、もっと負荷のかかるデバイスでは、かなり頻繁に交換する必要が出てくるだろう。ロボットなど、構造が複雑で駆動系の装置も含むマシンでは、機能を追求すると充電池が大きく・重く・高価になり、現時点では小型化や低価格が達成できず、バランスが難しい。

こうした課題をクリアするために、デバイスの省電力化と合わせて、内蔵電池に耐久性のある小型太陽電池を組みあわせるなど、電力面の技術革新が進められている。

たとえば、これからのコンピュータの高性能化を実現する技術として第3章で紹介したカーボンナノチューブは、デバイスの省電力を実現する技術でもある。カーボンナノチューブはこれまでのシリコン半導体の5〜10倍の密度で配線できることから、演算速度が速くなるだけでなく、演算で必要になる電力も飛躍的に節約できるからだ。

第2章で紹介した、ＩｏＴの無線通信で主役となる通信規格IEEE802.15.4によるナローバンド通信も、省電力化に大きく貢献できる。このナローバンド通信では、ブロードバンドのモバイル通信のように動画や音声などを送ることはできないが、その代わりはるかに消費電力をおさえることができる。IEEE802.15.4で無線通信を行うデバイスは小型電池によって年単位で稼働し続ける[23]。

また、光や熱、機械の振動、電磁波などをエネルギーとして発電する環境発電も進化しており、

ＩｏＴデバイスの省電力化とあいまって、電池への依存度を減らすことが可能になってきている。[24]

さらに、電源コードを使わずに電力を送るワイヤレス電力伝送技術も、ＩｏＴの自由度を高める技術として注目されている。モバイル機器に非接触で充電できる携帯型充電器など、至近距離から電力を供給する技術がすでに実用化されている。現在はさらに送電距離を伸ばす技術革新が進められており、家電製品を離れたところから充電する近距離ワイヤレス電力伝送や、充電スポットに停車した自動車をワイヤレスで充電するシステムなどが実用段階にきている。

こうした省電力化・発電・送電技術の進化により、ＩｏＴネットワークは産業・社会の隅々に張り巡らされることになる。

第２層 通信

通信があるから デバイスがつながる

高機能化したデバイスが捕捉したデータを連携する仕組みが、通信だ。通信がなければデータはデバイスに留まり、人がそこに来てチェックしないかぎり、データを利用することはできない。通信が機能して初めて、データから得られる結果を自動でユーザーへ通知することができるのだ。

たとえば、家庭やオフィスで利用しているウォーターサーバに重量センサーつきデバイスを取り付ければ、水の残量が減ったことを検出はできるが、通信できなければこれを伝える手段が、音を鳴らす、ライトを点灯させるなどに限られる。どのくらい減ったのかといったデータを伝えるのは困難だし、離れた場所に情報を送るといったことも難しい。

一方、通信ができれば離れたところにいるウォーターサーバの管理者にメールを送信することができるし、ウォーターサーバ販売業者と連携して自動で補充発注することもできる。多数のデバイスが連携するために、通信できることは欠かせない要素なのだ。

デバイスからの通信は無線方式が中心

元々一般的な通信はケーブルで繋ぐ有線方式が主流だ。たとえば、固定電話は、電話機から基地局まで全てケーブルでつながっている。インターネットをはじめとするコンピュータネットワークも有線方式で構築され、携帯電話が普及した今でもネットワークの中核は有線方式だ。

しかしデバイス連携という視点で見ると、今や通信の中心は無線方式であると言える。色々なモノや人などをセンシングする膨大なデバイスがすべてケーブルでつながっていたら、色々な不便・不都合が生じるだろう。モノや人が動く場合などはなおさらだ。デバイスからデータを送る手段は無線通信のほうが合理的だ。無線でなければならないケースが多いと言ってもいい。

そこでデバイスからの通信手段として、携帯電話などで利用されている移動通信システム、IoT専用通信サービス「ソラコム」、施設・建物の中で無線方式の通信を行う無線LAN、無線

ＬＡＮより狭い範囲で比較的低速・小容量の通信を行うブルートゥース、自身固有のＩＤを送信するアイビーコン（iBeacon）などの通信手段であるＲＦＩＤ、交通機関や小売店などのプリペイドカードに使われている非接触ＩＣカードといった近距離無線通信などが活用されている。

ＭtoＭ無線通信の国際規格がＩｏＴの普及・発展を可能にする

ＩｏＴにとって特に重要な通信手段としては、ＬＴＥカテゴリー０がある。これはスマートフォンをはじめとするモバイル端末の大容量・高速通信ではなく、モノの変化・動きをセンシングして、必要なときにごく小容量のデータを送信するための国際通信規格で、通信コストが安く、電力消費量も極端に少ないのが特徴だ。

さらに、無線ＬＡＮのようにエリアを限定したネットワークでも、IEEE802.15.4.のようなＭtoＭ通信向きのナローバンド通信が出てきている。すでに紹介したように、無線ＬＡＮではこれまでWi-Fiのように動画などの大容量データが送れるブロードバンド通信が主流だったが、リソースをセンシングして得られる小さなデータを分・時間・日単位で送るＩｏＴのＭtoＭ通信では、こうした高速・大容量通信は必要ない。それよりも膨大な数のデバイスから、いかに低コスト、省電力でデータを送るかが重要になる。

IEEE802.15.4.は９２０ＭＨｚという低速通信の周波数帯で通信を行うことができるほか、最大10キロメートル程度の長距離通信が免許なしに可能という利点を備えている。この低電力かつ広域で通信できるというIEEE802.15.4.の通信コンセプトを具現化したローラ（LoRa）という通信方式が、アメリカの半導体メーカー、セムテック社によって提唱され、IBMやフランスのオランジュ社などの支持を得て、オープンスタンダードとして世界に普及しつつある。[25]

膨大なデバイスが社会のあらゆるリソースをセンシングするIoT社会は、LTEカテゴリー0やローラ（IEEE802.15.4.）による無線通信が普及することによって、急速に発展していくことになるだろう。

インターネットIPv6で世界のあらゆるものが接続可能に

IoTの膨大なデバイスをつなぐには、通信基盤であるインターネットのアドレスを割り当てる必要がある。従来のIPv4（インターネットプロトコル・バージョン4）で割り当て可能なアドレス数は約45億個で、世界の人口約70億にアドレスを割り当てることすらできず、早くからその限界が指摘されてきた。この問題を解決するために開発されたのがIPv6だ。

IPv6の割り当て可能なアドレス数は2の128乗＝3・40×10の38乗（340兆×1兆×1兆）個。これは「その辺の石ころにも個別にわりあてることができる」数だという。[26] 仮に、地球の全人類（70億人）にIPアドレスが均等に割り当てられるとしても、1人あたり約4穣8600杼《じょ》個、すなわち4京8600兆×1兆個、すなわち4・86×10の28乗個。一生かけても使い尽くせないほどの天文学的な数だ。

第３層
データ

クラウドの普及で飛躍的に自由度が増したユーザーのIT活用

クラウドサービスの登場で、ユーザーネットワークを通じてデータをサービス提供者側に保管し、共有できるようになった。さらにクラウドは現在、データだけでなくアプリケーションやシステム全体をサービス提供者側に預ける形態へと拡大・進化しつつある。これによって「いつでもどこでもどんな情報でも自由に活用できる」という、30年も前から語られてきたコンピューティングのあるべき姿がついに実現した。クラウドが可能にしたのは、長年人類がめざしてきたコンピューティングの実現・普及であると言える。

グーグルのインフラ戦略から見えてくるテクノロジーのパラダイムシフト

興味深いのはクラウド誕生前のグーグルとヤフーのインフラ戦略の差が、ビジネスの明暗を大きく分けたことだ。

21世紀に入ってネットワークサービスで扱うデータの量が爆発的に拡大したとき、ヤフーはネットアップ（NetApp）社のストレージサーバでこれに対応し、コストとスピードの両面で極めて効率的にサービスを拡大することができた。

しかしサービスが多様化し、規模の拡大がさらに加速すると、専用ハードウェアベースのインフラが逆に拡張の足を引っ張り始める。サービスごとにネットアップ・システムのプラットフォームをカスタマイズしなければならず、開発コストが増大した。また、サービス間に共通のプラットフォームがないため、サーバの能力を融通し合うことができず、ハードウェアにも莫大なコストのムダが生じた。

これに対してグーグルは、のちにGFS（グーグル・ファイル・システム）として知られるようになるソフトウェアを独自開発してインフラとした。これによりグーグルは新サービスを共通のプラットフォームで効率的に立ち上げることができたし、ユーチューブのように買収したサービスも、極めて簡単に統合することができた。ハードウェアも安い市販のサーバを使用できるので、信頼性を確保しながら低コストで規模を拡大できた。

ＩＴビジネスの栄枯盛衰は世の常だが、このグーグルとヤフーの明暗はテクノロジーの世界に起きている大きなパラダイムの変化を反映している。すなわちハードウェア・モノによる囲い込みから、ソフトウェア・仕組みによる連携へのシフトだ。

インターネットが社会インフラとなり、ネットを通じて行われるあらゆる人や組織の行動が、経済社会の動きそのものになりつつある今、テクノロジーにも経済社会の変化に即応し、つながりや連携を柔軟にサポートすることが求められている。

インフラの解放・シェアリングから生まれたアマゾンのクラウドサービスAWS

現時点で最も多くのユーザーに利用されているクラウドサービスは、アマゾンのAWSだ。アマゾンはEC（電子商取引）サービスを提供する企業だが、ITを競争力拡大の中核と位置付けている。クラウドという概念すらなかった2002年に、いち早くクラウドサービスを立ち上げることができたのも、自社に先進的なシステム開発の土壌があったからだ。

AWSの始まりは、社内のITエンジニアたちの意見をもとに、ECサービスで使っていたサーバの余剰リソースを、アプリケーションを開発するユーザーが簡単に活用できるようにしたことだと言われている。それまでアプリケーションを実行するサーバ環境は、専門の技術者が何年も先を見据え、時間をかけて設計、機器の選定、購入を行い、慎重に組み上げるものだった。

ところがAWSの出現によって、ユーザー企業は必要なときに必要なだけサーバを利用できるようになり、優れたアイデアさえあれば、サーバを購入しなくても、手軽にアプリケーションの開発・テストができるようになった。スマートフォンアプリのサービス企業など、多くのスタートアップ企業がAWSを利用して事業を成功させたが、これもリソースの解放・シェアリングがテクノロジーの世界を大きく変えた典型的な例と言える。

よりユーザーに使いやすい仕組みへと進化するクラウドサービス

クラウドはまだ発展途上にある。これまではクラウドでアプリケーションを稼働させる場合、通常はクラウド側に仮想サーバを構築していた。つまりこれはクラウド側に構築されたサーバの一部利用権をシェアするという方式であり、サーバを使っていない時間でも課金されてしまう。

これに対し、アプリケーションのみを直接稼働させるという方式が現れている。サーバではなくアプリケーションを実行した回数や実際に利用したリソースに応じて課金するという方式だ。たとえばレンタカーを利用するときに、借りた時間に対して課金されるのではなく、エンジンが回転した回数により課金されるようなものと考えればいいだろう。

ユーザーがほしいのはサーバでもサーバ利用権でもなく、アプリケーションの動作結果なのだから、この新しいクラウドサーバはよりユーザーオリエンテッドなシェアリングの形態と言える。

第4層
アプリケーション

インストール型から
クラウド型・ダウンロード型へ

マイクロソフトのエクセルに代表される従来型のアプリケーションは、CDやDVDなど記録されたメディアを購入し、手元のPCへインストールして使うものだった。これに対し、新しいアプリケーションのタイプはクラウド型やダウンロード型が主流になってきた。

クラウド型はウェブ・ブラウザを通じてアプリケーションを利用する方式で、手元の端末にアプリケーションをインストールしない。ダウンロード型はアイフォーンで広まった方法だが、アプリケーションを手元の端末へダウンロードして使う。インターネットへ接続していない間も利用できる、音声認識など端末に依存したきめ細かい機能が利用できる等の利点がある。

このダウンロード型は手元の端末へアプリケーションをセットアップするわけだが、従来型に比べるとCDやDVDなどのインストール用メディアが不要で、インストール手順も非常に簡単になっている。そしてクラウド型とダウンロード型に共通するのは、常に自動でバージョンアップされることだ。

データの修正・加工まで共有できる
グーグル・アップス（Google Apps）

これまでエクセルのような使い勝手をウェブ・ブラウザ経由のクラウド型で提供するのは難しいと思われていたが、グーグルがグーグル・アップスというサービスでそれを実現した。ウェブ・ブラウザ経由で使うグーグル・アップスは、Gメールというメールサービスが有名だが、エクセルのような表計算ソフトも含まれている。

それ以前、クラウド型のメールアプリはヤフーメールやホットメールなどが存在していたが、Gメールはそれまでのウェブ・アプリの常識を覆すUXを提供することで世界中のユーザーの度肝を抜いた。

このクラウドアプリはクラウド側で計算・保管されるため、手元の端末が非力でも大量データの検索・計算が可能になる。データ保管可能量も事実上、無制限だ。表計算の例でいえば、表データを作成すると同時に、クラウド側にデータが保存されるので、複数ユーザーが1つの表データを共有するだけでなく、同時に1つの表データを修正するといったこともできる。

たとえば作成した資料にAさんとBさんが同時に追記したり、AさんはBさんが追記している内容をリアルタイムに知ることができたり、必要であればチャットを行いながら、内容を確認・修正することもできる。このデータのシェアリングにより、ユーザーの共同作業は格段に便利になった。

ユーザーが
組み合わせを選ぶ時代

クラウド型にしろダウンロード型にしろ、実際に利用するユーザーが多様な選択肢のなかから、アプリケーションを気軽に選ぶことができる時代になった。

ユーザーの満足度が従来以上に重要となるため、優れたアプリケーションは口コミやSNSを通じてあっという間に広まるが、そうでないアプリケーションはあっという間に利用されなくなってしまう。機能的に優れていても、わかりづらかったり、使いにくかったりするアプリケーションはあまり普及しない。

また、アプリケーションにあまりたくさんの機能を持たせようとすると、ユーザーによって使わない部分や使いにくい部分が出てくるため、機能を小さなアプリケーションに分け、組み合わせて連携させる使い方が主流になりつつある。第2章で紹介したテクノロジーの重要トレンド「組み合わせのイノベーション」がアプリケーションにおいても機能していると言える。

たとえばスマートフォンのグーグルアプリに「恵比寿から新宿へ行くには?」と質問すると、グーグル・マップが連携し、経路・時間の候補がいくつか提示される。そこから選択して「カレンダーに追加」をクリックすると、スマートフォンのカレンダーにその移動予定が登録される。このカレンダーはクラウド上でも管理されており、カレンダーを共有するメンバーにも情報が共有される。選択肢の中にはウーバーによるハイヤーもあり、いずれライドシェアの手配もシームレスに連携されるようになるだろう。

ユーザーが最初に問いかけるアプリ、地図アプリ、カレンダーアプリを自由に選び、組み合わせることができる。最初に問いかけるアプリは、グーグルのような検索エンジンだけでなく、フェイスブックやツイッター、各種チャットアプリも選択肢としてありえる。多様なアプリケーションと連携できることは、これからのアプリケーションの必須条件であり、オープンな姿勢が感じられないアプリケーションはユーザーの選択肢から消えていくだろう。

スタートアップ基盤の充実

アイフォーンアプリの多様性は、ＡＷＳをはじめとするクラウド環境の充実に支えられている。ＡＷＳには、ファイルを管理・制御したいならＳ３、大量ファイルをとにかく安価に保管したいならグレイシャー（Glacier）、データベースを堅牢かつ手軽に運用したいならＲＤＳ、データ分析を実施するならレッドシフト（Redshift）、ＩｏＴデバイスの管理・接続ならＡＷＳ ＩｏＴ、ＡＩを使いたいならマシン・ラーニング（Machine Learning）など、アプリの開発者が手軽に使えるコンポーネントが数多く揃っている。水道の蛇口をひねって水を出すようにサーバと開発環境を手軽に利用できることが、開発者の裾野を広げた。

今後クラウドサービスのコンポーネント化はよりユーザーの用途に近い部分にひろがり、各領域に特化した様々なコンポーネントが生まれてくるだろう。たとえばソラコムがＩｏＴ向け通信に特化したコンポーネントを提供しているのがその一例だ。ネットワークインフラの構築といった技術的に難しい部分はコンポーネントに任せ、アプリケーションを開発する側はアイデアを素早くかたちにしていくことができる。

ＡＷＳのおかげでインフラ担当者が不要になり、ソラコムのおかげで通信担当者が不要になったように、今後テクノロジーの専門担当者はどんどん不要となっていき、アプリケーション開発のハードルはますます低くなる。その先に見えるのは、ユーザーそのものがアプリケーション開発者になっている姿だ。ブロックを積み上げる感覚で、必要なアプリケーションを使う人自らが組み立てるという時代になる。

第5層 AI

膨大なデータの集積・分析からAIへ

インターネットを通じて膨大なデータが集められるようになると、それらを分析して様々な用途に活用するようになった。インターネット中のデータの関連性を分析し情報を探し出しやすくしたグーグルなどの検索エンジンもその1つと言える。文字情報から画像や動画へ、情報の範囲・分野も拡大した。データが多ければ多いほど高度で効果的な分析が可能になるため、データ収集・集積は今も続いている。

グーグルは電子アルバムのピカサ（Picasa）を買収することで莫大な画像データを手に入れ、動画投稿サイトのユーチューブを買収することで莫大な動画データを手に入れた。さらにアンドロイド端末を普及させることで、ユーザーの多様な情報を手に入れ分析している。この分析の延長にあるのがAI（人工知能）であるが、検索エンジン時代からAIを目指してきた積み重ねがあるため、AIにおいてグーグルには圧倒的な競争力がある。

人間の学習をコンピュータに導入したグーグルの深層学習（ディープラーニング）

グーグルのＡＩは深層学習と呼ばれる方式をとっている。深層学習は、最初に緻密・厳密なルールや手順を与えるのではなく、システムに経験を積ませ、学ばせることで賢くしていく。ルールや手順は、まず大まかなものを覚えさせ、徐々に細かく認識させていく。これによってルールや手順の特徴をより正確につかむことに成功している。子供が積み木で遊ぶとき、「ここはあと１００グラムの加重に耐えられるから、もう１つのせても大丈夫だ」とは考えない。経験を積むことにより、感覚的に「こうやったらこうなる」ということを学習し、細かいことは徐々に覚えていく。

これと同様に、膨大な経験をコンピュータにシミュレーションさせることで、コンピュータを賢くしていくのが深層学習である。深層学習の仕組みは人間の脳の仕組みを模倣していて、経験から学んだことを元に未知の状況に対する判断が可能だという特徴がある。

従来のコンピュータによる処理では予めプログラムされた限られた一定のパターンにインプットが合致するかどうかを処理するため、学習したパターンを外れるような未知の状況に対する判断は困難であった。しかし、深層学習であれば人間の思考のようにインプットを抽象化して、過去の学習結果から類似点を推察しながら処理をするため、未知の状況に対する判断が可能となった。そして、未知の状況に対する判断を繰り返し、結果を学習することで深層学習のＡＩは指数関数的に成長を続ける。

従来のＡＩはＩＢＭがリードしていた。１９９７年にチェスの世界チャンピオンを破ったＩＢＭのチェスコンピュータ「ディープ・ブルー」は、人間の知能をコンピュータが超えた歴史的事件として話題になった。しかしこれはスーパーコンピュータの大容量メモリにものを言わせて大規模なロジック（論理的なルール）をプログラムとして組み込み、超高速の計算能力によって、あらゆる手を総当りに調査し、結論を出力していただけだった。つまり自ら学び、賢くなっていくようなものではなかった。

一方、グーグルは大量のデータを与えられるとそこから学び、自ら賢くなるAIを作り出した。これが深層学習（ディープラーニング）と呼ばれるアプローチだ。かつてのAIが初めから与えられた高度なプログラムによって膨大なデータを検討し、一見人間なみに見える結論を導きだしていただけなのに対し、深層学習はデータから学ぶことで賢くなるのだ。

グーグルのAIは2012年には猫の概念を学習させることに成功し、2016年には囲碁の世界チャンピオンを破るまでになった。囲碁の世界チャンピオンを破るには、あと10年はかかるだろうと言われていたことからも、グーグルがもたらしたAIの進化のインパクトがいかに大きいかがわかる。これはグーグルがスタート時から大量のデータ、増大していくコンピューティングリソースを見据えながら、あるべきAIを戦略的に追求してきた結果であると考えられる。

シミュレーションを重ねれば重ねるほど深層学習は効果を発揮するため、膨大なデータを取り扱うことに長けた組織ほど、その恩恵にあずかることができる。そのため、グーグルの圧倒的な優位性は当面揺らがない。これに追随できるのはアマゾンとフェイスブックなどに限られる。アマゾンはECを通じて整備された商品情報と、長年にわたる購買履歴が強みであり、フェイスブックは人と人のつながりに関する情報を持つのが強みだ。

グーグルはテンソルフローとして、深層学習のAPI（アプリケーション・プログラミング・インタフェース：ソフトウェアが情報をやりとりするためのインタフェース）を公開しており、一般ユーザーが利用することができる。ただし、深層学習のＡＩは驚くほど賢いが、それ単体では気難しい子供のようなものであり、やりたいこととうまく連携するアプリケーションが必要になる。ニーズは多様であるので、第４層で述べたアプリケーションと、第５層のＡＩは統合されるのではなく、別の層として住み分けて進化していくことになる。

５層のテクノロジーの組み合わせ
――協働型ロボット「ロジラー」

最後に、第３章で紹介した私の会社シーオスが、ロジスティクス関連作業のために開発したロボット「ロジラー」を例に、５層のテクノロジーがどのように組み合わされ、機能するのかを紹介しよう。このロジラーは倉庫の中を人のように障害物をよけながら自走し、自ら倉庫内の地図を作成し、運搬作業を行うロボットだ。

まず第１層のデバイスは、汎用ロボット、操作用のタブレット端末とキネクト（近距離の周囲の状況を三次元で把握するマイクロソフト製のセンサー）、キネクトより遠い周囲の状況を把握するセンサー2D-LiDAR、ふたつのセンサーが把握した情報からエリア内の地図を自動作成し、自分の位置を認識する装置3D-SLAMで構成されている。

これを制御するために第２層の通信としてWi-Fiを使用する。

第３層のデータ（倉庫内の棚や商品などの情報、どのロジラーがどこにいるかといった情報）はアマゾンのクラウドサービスＡＷＳを使って保管する。

第４層のアプリケーションには、空間認識や商品識別、自動マッピング、最適ルート計算など、ロジラーが仕事をするために必要な各アルゴリズムと、ロジラーを制御するＲＯＳ（ロボット・オペレーティングシステム）があり、ロジラーに指示を出す。これらのアプリケーションはシーオスの自社開発によるロジスティクス管理システムにつながっていて、複数のロボットや倉庫内で作業をする人々が最も効率的に協調して作業ができるような制御を行っている。

第５層のＡＩはロジラーの認識・判断を高度化する役割を担っている。商品識別はグーグルのテンソルフローを活用して開発したディープラーニング型のＡＩ、最適ルート計算は、シーオスが独自開発したＡＩを使っている。

第２章でも触れたように、今はハードもソフトも既存の製品やサービスを活用すれば、すばやく低コストでＵＸを実現する最適のテクノロジーを実現することができる時代だ。シーオスもできるだけ既存の製品・サービスを活用し、自社の開発力は競争力の源泉となるアルゴリズムや業務系ＡＩの開発スピードを上げることに集中させている。これによって独自の技術を磨き、会社としての競争力を高めることができる。

シーオスのロボットを構成するIoTテクノロジーの5層

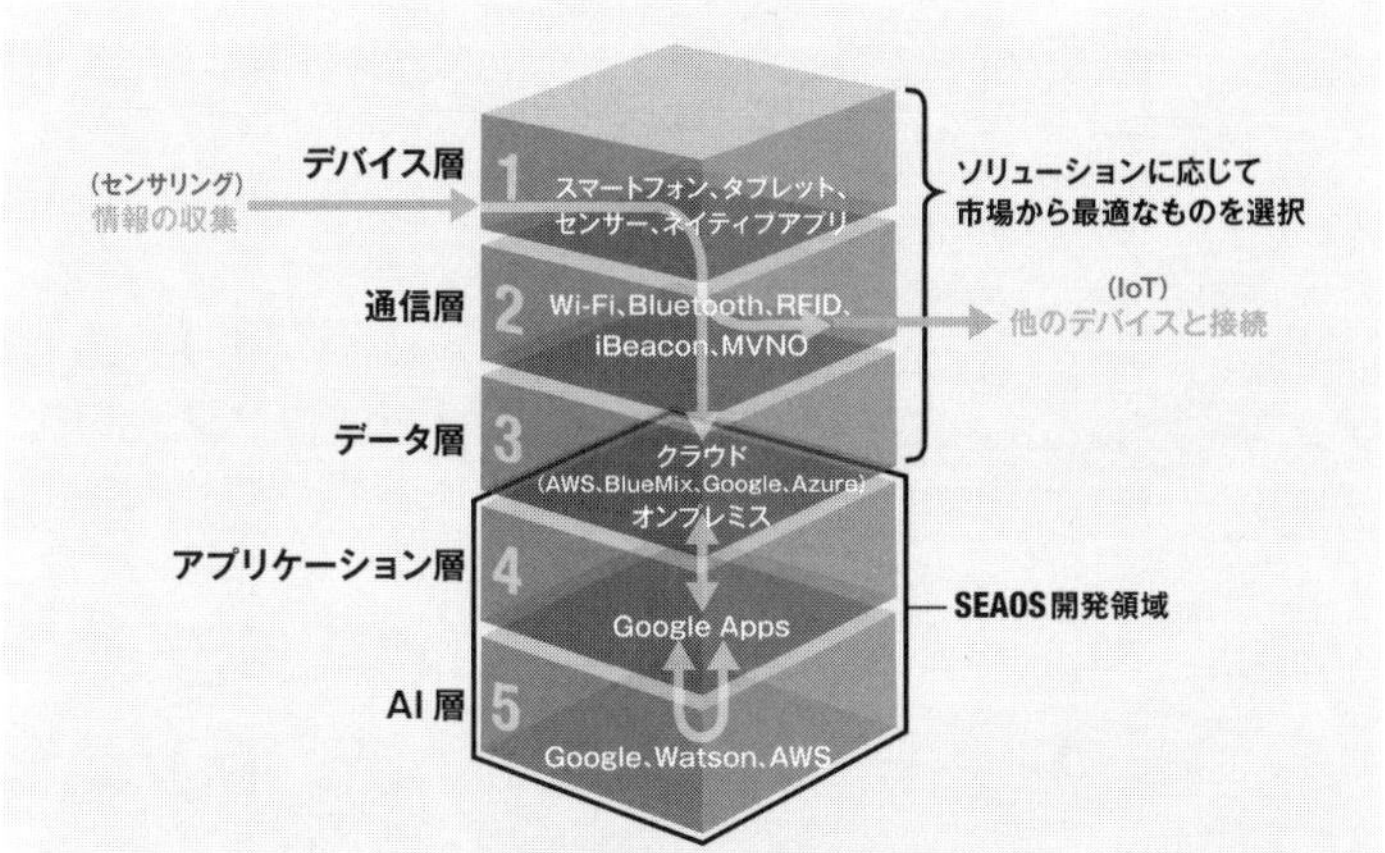

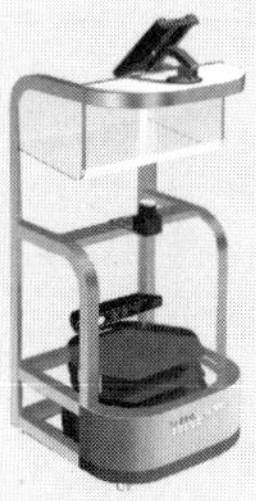

協働型ロボットLogiler《ロジラー》構成例

人の代わりに倉庫内を自立走行し、運搬や棚卸しを自動化

1	デバイス層	: 汎用ロボット、タブレット、kinect、3D-SLAM、2D LiDAR
2	通信層	: Wi-Fi
3	データ層	: Amazon AWS
4	アプリケーション層	: 空間認識、商品識別、自動マッピング、最適ルート計算、ROS
5	AI層	: SEAOS AI＋Deep Learning

第5章 UX創造のビジネス戦略
――リソースシェアリングによる新しいビジネスモデル

ロジスティクスが教えてくれたこと

読者の中には、私がここまで述べてきたオールドエコノミーからニューエコノミーへの転換方法を一体どこから思いついたのか、不思議に思っている人もいるかもしれない。新しい社会や経済のあり方についてはある程度納得できても、そのために行う企業の非稼働リソースの見える化や、それを稼働させるための解放・シェアリングといった方法をどのように考え出したのか、何を根拠にはっきり「こうすべきである」と断言できるのかについては、まだ釈然としない人もいるだろう。

そこでここからは私がどのような経緯でこうした方法論を考え出したのかについて説明しよう。

序章で簡単に紹介したように、私は外資系コンサルティング会社でロジスティクスのソリューションを手がけるようになり、２０００年に自分の会社を設立してからも主にロジスティクスの分野を基盤として、システムソリューションや経営コンサルティングを手がけてきた。このロジスティクスという分野で積んだ経験が、私の大きな財産になっている。

日本ではロジスティクスというと「物流」、倉庫とトラックと荷物の上げ下ろし、配送などの単純労働くらいしかイメージできない人が多い。そういう人たちに「ロジスティクスの改革」といっても、物流倉庫やトラック輸送の合理化といったハード面の対策しか思い浮かべない。

しかし、ロジスティクスとは本来もっと広汎で、企業のリソースを効果的に稼働させていくための根源的な役割を果たしている。ロジスティクスのリソースはすでに紹介したように、グッズ（モノ・商品・部品・材料など）、スペース（空間・施設）、タスク（仕事・作業）、トランスポーテーション（輸送手段・車など）だ。

これらのリソースは産業・社会のいたるところで互いに緊密に連携しながら、経済活動を支えている。だがこれを単なる「物流」と位置付け、組織の末端に追いやっていては、企業改革やシステム改革を何度行っても、たいした効果は生まれない。そうした垂直統制ヒエラルキーの上層部が考える「経営」や「システム」の基盤にあるのは、既存のルールでとらえた数字や概念にすぎないからだ。それでもシステムは構築できるが、第3章で明らかにしたように、既存のルールで測っていたら、リソースの非稼働・ムダは決して見えてこない。つまり現実が見えないのだ。

一方、ロジスティクスでは、こうした机上の空論で仕組みを構築していたら、たちまち「モノが届かない」「置き場所がない」など、現場でトラブルが発生する。こうしたトラブルは解決に時間がかかるほど損失が拡大する。この「モノ」「スペース」などリソースの厳しい現実に現場で向き合い、より効果的な運用の仕組みを創り出すことで、私の分析力、問題解決力は鍛えられたと言えるかもしれない。また、ロジスティクスはあらゆる産業分野で、企業の活動を支えていることから、業界の枠にとらわれない広い視野と柔軟な発想力を私に与えてくれた。

ここ数年、改革を行っている企業や、その改革をサポートしているコンサルタント仲間から相談を受けることが多くなった。そのたびに「もっとリソースの実態と向き合い、ロジスティクスの方法論を学べば道は開けるのに」という思いが湧いてくる。これが、この本を書こうと思い立った理由のひとつだ。

ロジスティクスの改革から見えてきた古い仕組みの限界と新たな可能性

私がロジスティクスという分野と出合ったのは外資系コンサルティング会社時代、ロジスティクスの全世界横断プロジェクトチームに唯一の日本人として参加したときだった。このときのチームリーダーはMIT（マサチューセッツ工科大学）とジョージア工科大学の出身で、高度な学問から作り上げた方法論を活用し、ロジスティクスの新しい仕組みを創り出していった。今で言うビッグデータ分析を使って体系的にロジスティクスを設計していく手法に初めて出合い、目から鱗が落ちる思いだった。今思えばこれが、「日本のロジスティクスを技術で革新したい」と考えるようになった最初のきっかけであった。

自分でシーオスという会社を立ち上げたのも、ロジスティクスの技術で勝負する活動に専念したかったからだ。大野耐一によるトヨタ生産方式の革命時代を生きた同社のOBも加わり、海外からの技術と日本の技術の良いところを組み合わせた独自のロジスティクスのエンジニアリング方法論とロジスティクスに関わる様々なアルゴリズムを生みだし、提供してきた。

技術としてはIoT（弊社ではIoA、インターネットオブアルゴリズムと呼んでいた）、AI、ロボティクスなどを導入し、シェアリングエコノミー（弊社ではギャップ・トレーディングと呼んでいた）の仕組みを取り入れたソリューションも手がけた。

しかし、この過程で私はロジスティクスの改革という事業に、ある種の行き詰まり、もどかしさを感じるようになった。

新しい顧客企業のロジスティクスソリューションを手がけるたびに、最も適した技術とアルゴリズムで、よりよい仕組みを作ることはできるが、その企業の枠内でのロジスティクスソリューションという制約・限界がある。たとえば「物流」という狭いカテゴリーにおける改善のみを求められ、そこからビジネスモデルの変革へ踏み出せないといったケースもある。ロジスティクスからビジネスモデルを変えると言っても、顧客企業から理解されないのだ。理解されない理由の奥には、この本で再三取り上げてきた企業の垂直統制型構造がある。そこを突破するにはどうしたらいいのか？

この構造の限界を指摘し、もっと最適なビジネスモデルがあることを納得してほしいのだが、当の私にもそれがどんなビジネスモデルなのか、明確に見えてこない。そこで私が選んだのは、自分で新しいビジネスモデルの事業を興してみることだった。

新規事業でUX最大化とリソースの解放・シェアを実践

こうして2011年にスタートしたのがスポーツ・アクティビティー分野の新事業だった。具体的にはトライアスロンの雑誌「ルミナ」や、様々な情報を提供するウェブサイト、SNS、トライアスリートのトレーニングセッション（不定期のイベント的なスクール）を運営するルミナクラブ、トライアスロンの大会やイベント、トライアスロンウエアやグッズの開発・製造・販売など、トライアスロンというスポーツをベースとして、健康やライフスタイルの提案やサポートを行っている。

トライアスロンを軸としたのは、私自身がトライアスリートだからだ。そのため、知人の中には「趣味をビジネスに持ち込んだ」と見る人もいるが、それは違う。私がBtoCの新規事業を興したのは、コンサルティング・ソリューション事業というBtoBビジネスでは見えてこない、顧客企業の先にいるエンドユーザー・コンシューマーと企業の関わりを体験したかったからだ。

そして自分がトライアスロンという分野を選んだのは、自分自身が経営者であると同時にエンドユーザー・コンシューマーにもなれるからだ。エンドユーザーが何を望んでいるのか、企業がそれにどう応えたら、彼らはどう受け止めるのかが自分で即座にわかる。だから私はスタート時から次々とエンドユーザーとして自分が望むことを実行していった。

特に重視したのはルミナクラブ、つまりエンドユーザーであるトライアスリートたちの同好会的団体だ。雑誌やウェブサイトなど情報を提供するメディアや、情報を共有するSNSも大事だが、スクールやイベントなどに参加し、体験を共有することで生まれるつながりこそ、UX最大化を可能にする上で最も重要な仕組みだからだ。

このルミナクラブを核としたトライアスリートたちはエンドユーザーであると同時に、雑誌「ルミナ」などの情報メディアを制作する上での貴重な情報源であり、ある意味この事業を牽引する主役になりつつある。

つまりロジスティクスのエンジニアリング企業としてのシーオスは垂直統制型の企業だが、スポーツとアクティビティに関わる事業は水平協働型のビジネスになっているのだ。

このスポーツ・アクティビティー事業を担っている社員は、ほとんどがスポーツ系の雑誌やネットメディア出身だが、仕事場はロジスティクスエンジニアリング部門と同じオフィスにあり、システムなどのリソースも共有している。ここで私が試したかったのは、この本の第3章で紹介したような、既存のリソースを解放・シェアしながら、まったく異なるビジネスモデルの事業を運営することだった。それが目論見通りに機能しているので、私は自信を持ってリソースの解放・シェアを提案することができる。

水平協働型のビジネスモデルとは何か、リソースシェアリングとは何か、どうすればそれが実現できるかを本当に理解する一番良い方法は、経営者自身がエンドユーザーであるような分野で新規事業を実際に立ち上げてみることだ。

規模は小さくてもいい。BtoBしか経験のない経営者なら、単にそれがBtoC分野であるだけでも、新しい発見が多々あるだろう。ユーザー参加型・シェアリング型のビジネスモデルが構築できれば、それが既存事業のビジネスモデルといかに違うか、どのような可能性を秘めているか実感できるはずだ。また新旧ビジネスで、人・スペース・設備などリソースの解放・シェアを経験すれば、オールドエコノミーとニューエコノミーが併存しながら、新旧の移行が可能であることを理解できるだろう。

机上のデータではなく、現場で現実の人やモノが動くところをとらえれば、改革のヒントがいくらでも見えてくる。

シェアリングによる新たな市場創造への挑戦

トライアスロンをベースとしたスポーツ・アクティビティー事業は、立ち上げから5年が経過した。そしてシーオスにはBtoC事業においてUX最大化のために、メディアやイベント、グッズの製造販売など業界の垣根を超えて必要な要素を効果的にミックスするという水平協働型ビジネスモデルのノウハウが蓄積された。既存事業とのシェアリングにより効果的にリソースを活用することで、水平協働型ビジネスを立ち上げ、展開していく能力を獲得できた。

これを活用して、シーオスは次の挑戦をスタートした。それが第3章にニューエコノミーの事例として紹介した「シェアッター」によるリソースシェアリング事業と、ネットアプリのtyles（タイルズ）をメディアプラットフォームとして様々なメディアと連携していくスポーツ・アクティビティー事業だ。これによってシーオスは、本格的にシェアリングによる水平協働型ビジネスを展開していくことになる。

従来のシーオスのＢtoＢビジネスとまったく異なるこれらの新規事業を効果的に展開するため、リソースシェアリング事業とスポーツ・アクティビティー事業はそれぞれ別事業部が担う。シーオスはこれらの事業部に資本を提供するほか、ＩoＴやＡＩなどのテクノロジーやリソースもシェアする。いずれこれらの事業はその成長とともに別会社に分社化される計画である。

メディカルロジスティクスというもうひとつの挑戦

さらにシーオスは、メディカルロジスティクスに特化した事業部門メディカルストリームを立ち上げた。この事業では、病院の手術や治療に使われる特殊な医療材料のメーカー、ディーラー、医療機関を結ぶサプライチェーンを構築し、効率的なロジスティクスを実現する。

元々このメディカル分野は、シーオスが２０００年にスタートしたときの主力事業だった。メディカルストリームは当時の社名でもある。その後、大手企業へのロジスティクスソリューションやコンサルティングなどの事業が急拡大したため、メディカル分野が占める比率は小さくなったが、今ここに来て新たな成長拡大の可能性が生まれてきた。それはＩoＴなどテクノロジーの進化により、医療機関・メーカー・ディーラーに提供できる価値が飛躍的に増大・高度化したからだ。

医療材料は高度な機能・性能が求められるだけでなく、国の認可や海外製品の通関など、様々な要素が絡むため、必要なものをタイムリーに調達するのが極めて難しい。特に手術などクリティカルな用途に使用される製品は、いざ本番というときに必要な製品がないといった事態は許されないため、医療機関は在庫に余裕を持たせる調達を行う。その際、メーカーやディーラーから在庫の長期預託を受け、手術の度に複数の物品をセットし、手術前後に短期預託を行い、使用した分だけ請求するなどの複雑な取引を行っている。

シーオスはIoTテクノロジーを活用したソリューションにより、こうしたムダの削減に貢献している。医療機関が使用する材料はリアルタイムでセンシングされ、必要な分だけディーラーに発注される。メーカー、ディーラーの連携によるロジスティクスネットワークを構築することで、材料の供給もスムーズになり、メーカー→ディーラー→医療機関という垂直型の供給に、水平型の地域連携が加わり、最終的には医療機関同士が材料をシェアする地域医療連携の互助システムの一部となることをめざしている。

このネットワークを拡大していくことで、より安全でムダのない社会システムと、国費の削減が実現できる。これもIoTテクノロジーによって進化したロジスティクスが生みだした新しい価値のひとつである。

シェアリング型ビジネスモデルでUXの創造・進化を広げていく

これら3事業は、リソースシェアリング事業がインキュベーションの初期、スポーツ・アクティビティー事業はインキュベーションの後期、メディカルロジスティクス事業は成長拡大期と、それぞれがホップ、ステップ、ジャンプの発展段階にある。しかしUXを創造し提供していくという点では共通している。シェアリングという仕組みと、IoTやAIなどのテクノロジーが活用されることも共通している。

リソースシェアリング事業は具体的にはスマートIoTオフィス、つまり特定された地域で働く環境を向上・進化させ、その地域の会社やそこで働く人々に新たなUXを提供していくことを目的としている。同時に、BtoBやBtoCの枠を超えたシェアリングにより、次々と社会に新しいUXを提供していくことで、ニューエコノミー創造のノウハウや、そこに必要なテクノロジーを開発・確立していくのも大きな使命となる。

この本で提唱してきたシェアリングやIoTテクノロジーの開発・実用化を自ら実践することで、産業社会にニューエコノミーの成功モデルとそこで必要になるノウハウとテクノロジーを提示・提供していきたい。そしてシェアリングを通じて幅広い企業と出合い、新たな水平協働型のコミュニティを作り出し、協力してシェアリングエコノミーの成功モデルを増やしていきたいと考えている。

スポーツ・アクティビティー事業では、トライアスロンで確立してきたビジネスの様々なノウハウや創造した市場を、他のスポーツ・アクティビティーのメディアとシェアしながら、メディアやイベント、グッズの企画製造など、業種の枠を超えたビジネスモデルを進化・発展させ、多様な分野でそれぞれの企業が新しいUXの創造と進化を実現できるようサポートしていきたい。その結果、より健康で豊かなライフスタイルが日本に広がり、地球環境と共生する持続可能な社会の実現をサポートしていく新事業、ウィズ・ヒューマン&アース（With Human & Earth）へと発展させていきたいと考えている。

メディカルロジスティクス事業はIoTを活用して医療機関、材料メーカー、ディーラーをリアルタイムで結び、これまで考えられなかったレベルの効率化を実現したところに新しいUXの創造がある。このUXをさらに進化させ、医療機関・メーカー・ディーラーのコミュニティを広げていきたいと考えている。

つまり私はあらゆる業界の企業が既存事業の概念にとらわれず、様々なリソースやノウハウをシェアしながらニューエコノミーを創造していくという、今そしてこれからの日本が必要としている変革への動き・ムーブメントを作り出したいのだ。新たにスタートさせた新事業は私とシーオスの挑戦であると同時に、幅広い企業に向けたメッセージ、ニューエコノミー創造への道標でもある。

序章で提示した新たな「産業革命」とは、こうした水平協働型のビジネスが次々と生まれ成長しながら、ユーザー主権の新しい経済社会を作り出していくことなのだ。

モンベルに学ぶ
UXビジネス創造のポイント

ユーザーの立場からUXを作り出し提供するビジネスモデルは、日本ではまだまだ成功事例が少ないが、最も参考になるのはモンベルだろう。

モンベルは1975年に登山用品メーカーとして設立されたが、創業者の辰野勇氏は自身が一流の登山家であり、自分も含めた登山家たちが必要とするものを自ら山で試しながら開発するところに最大の強みがあった。つまり創業経営者自身がユーザーであり、創業当初からユーザーの立場でユーザーの満足を追求し、提供する企業だったのだ。90年代にはカヤックにも製品分野を広げているが、これもビジネス戦略以前に、辰野氏本人がカヤックに熱中していたことから生まれたものだ。

当然、製品の機能や品質はレベルが高く、ユーザーのあいだでファン層を広げた。有名登山家や冒険家が様々な遠征で使用したことにより、ブランドイメージも高まった。しかし、登山・アウトドア用品メーカーから今日のようなUXビジネス企業へと進化するには、相当な年月を要している。

同社ウェブサイトの年表によると、1990年には米国カリフォルニアにデザインオフィスを設置しているが、このあたりから海外でも通用するデザイン性の追求を本格化させたのだろう。91年には大阪駅構内に直営1号店をオープンし、製造・販売まで一貫して手がけるビジネスモデルへの挑戦を始めている。この直営店戦略は2000年代に入って加速し、米国ボルダーやスイス・グリンデルワルトなど海外への出店や、国内における全国展開が進められた。

一方、1980年代にユーザーの会員組織モンベルクラブを発足させ、96年には会員誌を創刊、2001年にはウェブサイトを立ち上げるなど、時代に合わせてユーザーとのコミュニケーションの手段を充実させている。

さらに2000年代にはカヌーのアウトドアイベントを皮切りに、モンベルクラブの活動として様々なイベントを開催するようになった。現在ではトレッキングやロッククライミング、滝登り、カヌー、ラフティング、ツリーイング（木登り）、自然体験、キャンプ、キッズチャレンジ、ファミリーイベントなど、多種多様なイベントが全国の店舗をベースに常時開催されている。

これらのイベントをさらに発展させたのが、シー・トゥー・サミット（SEA TO SUMMIT）だ。これは海でカヤックを漕ぎ、マウンテンバイクで山まで走り、最後は登山で山頂にゴールするという壮大なアウトドアスポーツイベントで、２０１６年には全国９か所で開催されるという。

そして、モンベルにはモンベルクラブという会員組織がある。会員の活動機会を拡大し、新たな会員を増やすイベントがあることで、ユーザーの活動・体験は広がり、活性化していく。これによってモンベルはＵＸビジネス企業となったのだ。こだわりのモノ造りからスタートしたメーカーが、モノの価値を超えてユーザーの体験価値を提供する企業へ進化してきたという事実は、多くの既存企業にもＵＸ企業へ脱皮できる可能性があることを示唆している。

ただし、モンベルには経営者自身がユーザーであり、ユーザーとしての体験を分かち合う登山仲間がいた。企業の垂直型ビジネスの下流にユーザーが存在し、マーケティングでつながっているだけの従来型ビジネスモデルとの根本的な違いがそこにある。

既存の企業がＵＸビジネスにチャレンジするなら、この根本的なギャップを解消する必要がある。単なる新規事業としてではなく、新たに別会社を立ち上げたほうが成功する確率は高い。もちろん新会社の経営トップ自身がユーザーであるような分野を選択・設定し、ユーザー主権のビジネスモデルを採用すべきであるのは言うまでもない。

会員の数、アクティビティレベル、つながりがＵＸビジネス成功のカギ

モンベルの例でわかるように、UXビジネスで重要なのはまずユーザー主権、ユーザーによるユーザーのための事業であることだが、これを成功させるために大切なのは、1にロイヤリティーの高いユーザー層の拡大、2にそのユーザーの活動レベルの向上、3にユーザー同士のつながりの広がり・充実だ。

モンベルは1つめのロイヤリティーの高いユーザー層の拡大を、モンベルクラブの拡大・会員数の増加によって実現し、2つめのアクティビティレベルの向上をイベントの拡充によって実現した。単に製品の魅力だけでなく、実際に体験する機会を提供していくことで、ユーザーはモノを買うのではなく、体験という価値を手に入れる。そして体験は登山・トレッキングからカヌー・カヤック、サイクリングへと広がっていく。女性や子供、家族での体験という広がりもある。体験が魅力的であれば、そのためにモノを買って使うことも魅力的な体験の一部になる。

さらにイベントで知り合ったユーザーたちは、自然と仲間になり、交流を始める。モンベルのイベント以外でも自分たちで集まって食事をしたり、山や海へ出かけたりするようになる。これが3つめにあげたユーザー同士のつながりだ。つながりが広がれば、ユーザー数も拡大し、ユーザーのアクティビティレベルはさらに上がる。つまり3つの要素が互いに相乗効果を生むのだ。これがユーザー主権によるUXビジネスの力だ。

しかし、モンベルがここまで来るには相当な年月を要している。おそらくその間に色々な苦労があっただろう。すでに述べたように、UXビジネスは軌道に乗せるまでに時間がかかる。成功すれば高い利益率・成長率を獲得できるが、ロイヤリティーの高いユーザー層を形成し、活動レベルを上げ、ユーザー同士のつながりを広げるという3つの要素が、ある臨界点に達するためには、かなりの手間と忍耐が必要なのだ。そこには経営者の度量が求められる。目先の利益や費用対効果だけを優先していたら、数年で撤退することになるだろう。既存の企業が新規事業を始めてもうまくいかないのは、古い事業と同じ尺度で新しいビジネスを評価するからだ。

しかし、UXビジネスが新しい企業によって立ち上げられ、経営者自身がユーザーであれば話はまるで違ってくる。スティーブ・ジョブズがアップルを今あるかたちに仕上げたのは彼の人生の終盤であり、それまでには会社にも彼にも様々な苦難があったが、ユーザー体験が見えていたジョブズはそれを何とも思わなかった。ウェブサイトなどのインタビュー記事を見るかぎり、モンベルの辰野氏にとっても事業は魅力的なチャレンジの連続であり、それを苦労と感じたことはなかったようだ。

私もトライアスロンやトレッキングなどアウトドアスポーツの愛好者であり、自身のユーザー体験を軸にスポーツ・アクティビティー事業をUXビジネスとして立ち上げ、育ててきた。事業を軌道に乗せるのには年月がかかったが、ユーザーの満足を提供し続けていく自信は常にあったし、これまでの過程を苦労と感じたことはない。

私自身5年ほど前からモンベルクラブの会員だが、自分のスポーツ・アクティビティー事業においてもモンベルのやり方は大いに参考になった。ルミナクラブという会員組織を通じてコアユーザー層を形成していく、トレーニングセッションやトライアスロンなど複合型アウトドアスポーツイベントを通じてアクティビティレベルを上げていくといったことを、確信をもって推進できたのもモンベルというお手本があったからと言っていいだろう。

モンベルクラブの会員には、商品購入やイベント参加でポイントがたまるなど様々な特典が

モンベルクラブが実現するUXビジネスの例

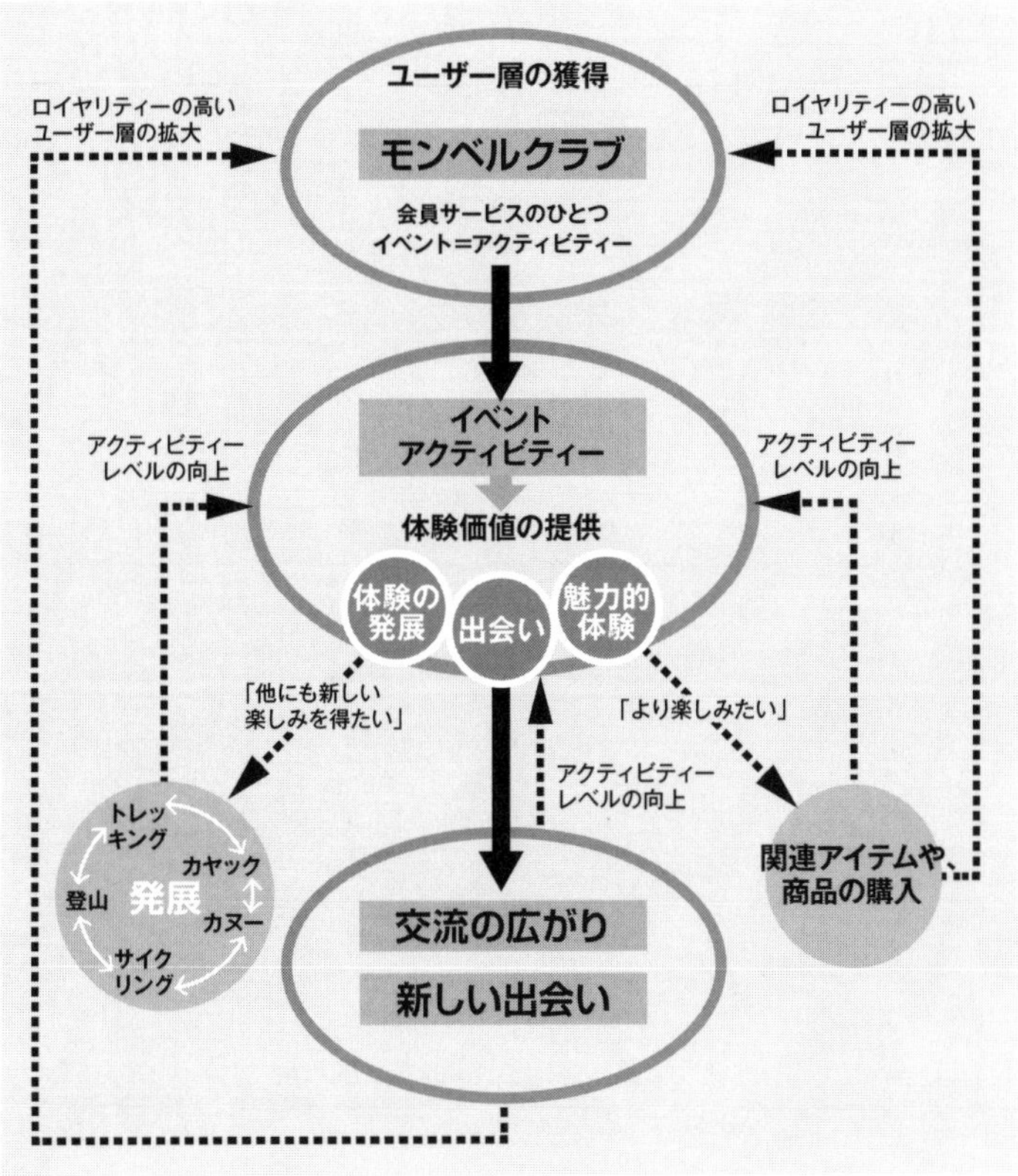

あるが、ポイント加算率が継続年数によって上がる仕組みになっている。たくさん消費することより長くファンでいてくれることを大切にするという姿勢にも、ユーザーと共に成長していくUXビジネスの精神がよく表れている。私もルミナクラブでこの姿勢を大事にしている。

ルミナクラブの会員も早朝のトレーニングセッションの後に、朝食をとったり、連絡を取り合って自転車やランニングの練習に出かけたり、同じレースに参加したりといったことをやっている。ウエアなどのグッズやサプリメントなど自社製品を効果的に展開できるのも、広告・販促の手間や経費をかけなくても直販で購入し、商品を評価し、口コミで広めてくれる会員がいるおかげだ。こうしたユーザーの主体的な活動は、マスマーケティングで製品やサービスを売ろうとする垂直型のビジネスモデルではありえない。

目先の費用対効果ではなく、ユーザーのロイヤリティー、アクティビティを基軸に推進していくビジネスだからこそ、UXビジネスはこれまでのビジネスモデルにはできないことを可能にすることができるのだ。

UXビジネスを創り出す
UXリーダーの役割

ここまで私の新ビジネス創造体験やUXビジネスを成功させるためのポイントについて説明してきたが、もうひとつ、新しいビジネスを成功させるために必要不可欠な要素について触れておきたい。

それはＵＸリーダーの役割だ。

ＵＸリーダーとは新しいＵＸを企画し、様々なスペシャリストと協力しながら製品やサービスとして開発し、ビジネスを通じてユーザーにＵＸを提供していく人のことだ。

ベンチャー企業であれば経営者がＵＸリーダーであることが多いが、起業支援の仕組みが整備されているアメリカでは初期のアップルにおけるスティーブ・ジョブズのように、経営はプロに任せ、プロダクトマネジャーとして製品の企画・開発に専念することも少なくない。

グーグルの創業者ラリー・ペイジとサーゲイ・ブリンはスタンフォード大学での研究からビジネスの核となる仕組みを生みだしているが、起業時は経営の素人であったため、事業拡大のタイミングでエリック・シュミットという経営能力のあるＩＴ技術者に最高経営責任者職を譲っている（のちにラリー・ペイジは持株会社アルファベット社の最高経営責任者に就任）。

ＵＸリーダーとプロフェッショナル、スペシャリストとの違いは、ユーザー・市場に直接アクセスし、ユーザーが何を欲し、感じ、考えているかをつかむことができる能力にある。そしてＵＸリーダーはユーザーが欲していることを実現したいという抑えがたい欲求を持っている。ＵＸの種をビジネスとして実現するために何をしたらいいのかを考え、実行していく力も必要だが、経営の経験スキルを最初から持っていなくても、アップルやグーグルのように学びながら成長していくことができる。

ＵＸリーダーは通常の人よりはるかに素早く学ぶことができるが、それは知能・学力の高さによるというより、そのＵＸに何が必要かという本質を把握しているからだ。

ＩＣＴ業界や製造業では科学者やエンジニア出身であることが多いが、特定のバックグラウンドを持つことでＵＸリーダーの能力を獲得できるわけではない。各分野には彼より深い知識を持つスペシャリストが存在するかもしれない。ＵＸリーダーはＵＸビジネスを実現するために必要なスペシャリストを集め、協力しながらＵＸの種をかたちにしていく。

その過程で多くをスペシャリストたちからも学ぶが、スペシャリストより正しい判断を下すことができる。それはＵＸプロダクト・サービスの開発において、ＵＸリーダーだけが、まだかたちをなしていないＵＸが何なのか見えているからだ。スペシャリストは担当分野の原理に基づいて深く考え、高度な判断をすることはできるが、めざすＵＸ実現にとって最良の方法・方向であるのかはわからない。彼らの考えや成果物をまとめあげ、トータルでＵＸとしてかたちにしていくのがＵＸリーダーの仕事だ。

ＵＸリーダーは、マネジャーではない。ＵＸ開発の工程でマネジャー的な役割をすることもあるが、彼の役割で重要なのはマネジメント能力ではなく、ＵＸの発明家であること、すなわち市場の潜在的ユーザーたちが気づいていないＵＸの種を発見・発明し、ＵＸプロダクト・サービスとして実現することだ。大企業で優秀なマネジャーが、ＵＸプロダクト・サービスのプロジェクトを手がけてもうまくいかないのは、すでに述べたように企業の価値観や組織がＵＸ実現に向いていないからでもあるが、決定的な理由はプロダクトマネジャーがＵＸの発明家ではないからだ。

こうしたＵＸリーダーの資質は、大企業ではまず活かされない。ＵＸ実現にはそのＵＸにとって必要なリソースを活用しなければならないが、会社のリソースはそのＵＸに合わせて揃えられているわけではなく、既存事業に合わせて構築されているからだ。

第３章でも触れたように、企業の中で新しいＵＸに合わせたプロダクト・サービスを企画しても、

垂直統制型とUXリーダーによる水平協働型の違い

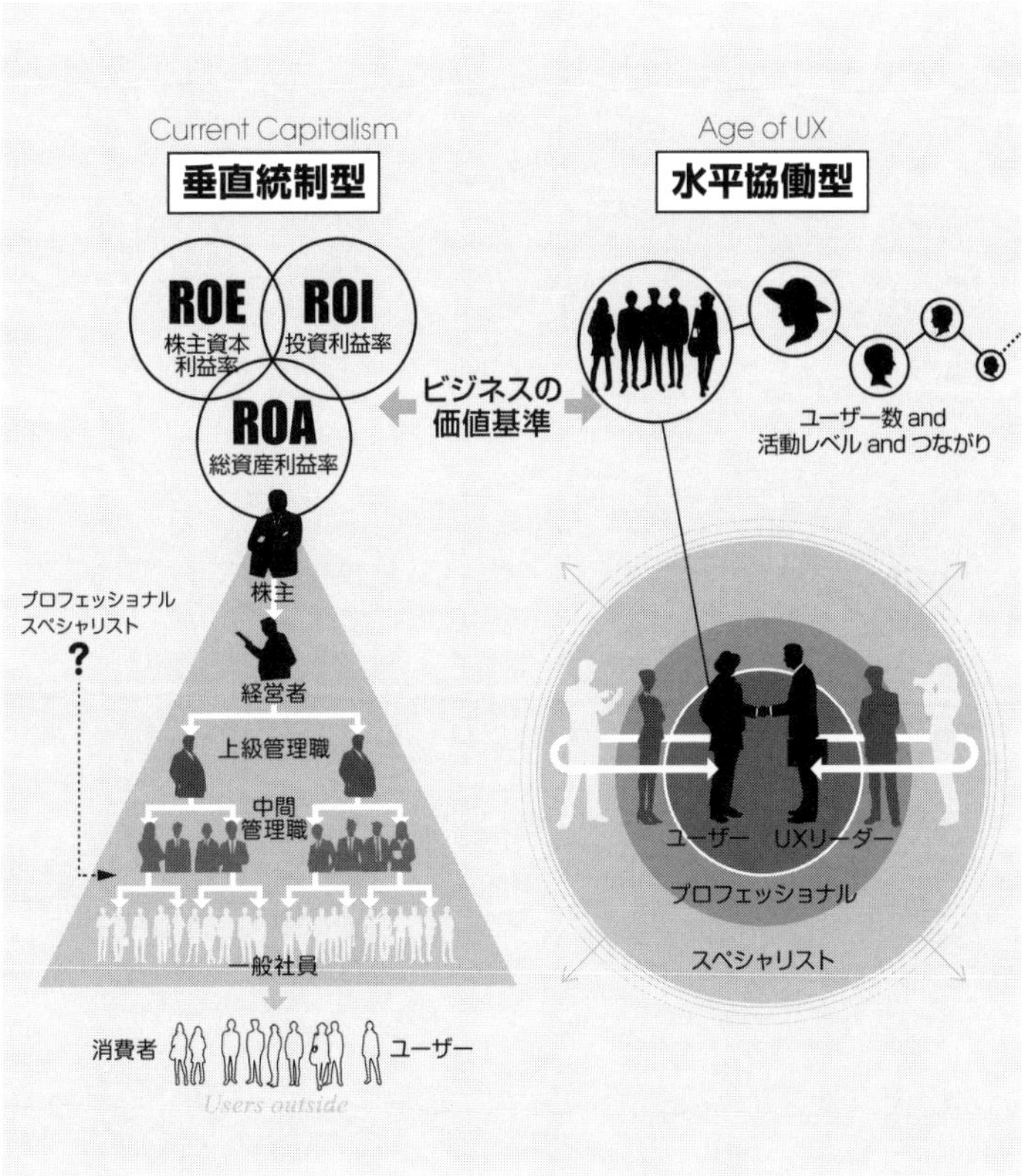

〈水平協働型の役割分担〉

UX リーダー▶ユーザーの立場で商品やサービスを考える。

プロフェッショナル▶課題解決能力を持ち、UX リーダーが考えたことをビジネスとして具現化していく。

スペシャリスト▶特定の領域において優れた技能を持ち、商品・サービスの具現化をしていく課程でそれぞれの役割を果たす。

「会社に合わない」「採算がとれない」といった理由で潰されてしまう。おそらくＵＸリーダーの素質を持つ多くの人材が、企業の中で鬱屈した日々を送っているだろう。日本の産業を変え、経済を活性化するには彼らが活躍できる機会を与えるしかない。企業の中で彼らを活用できないなら、彼ら自身が自分の可能性を信じて会社を飛び出し、起業したほうがいい。

『「タレント」の時代』（講談社）の中で酒井崇男が「タレント」と呼んでいるのは、このＵＸリーダーのことだと考えていいだろう。「タレント」とは売れる製品を企画・設計・開発できる人材のことだと酒井は言う。日本の企業が優れた技術を持ちながらグローバルな競争に負け続けるようになったのは、かつて存在したソニーの井深大やホンダの本田宗一郎のような「タレント」がいなくなったからだ。トヨタがグローバルに勝ち続けているのは、トヨタ生産方式だけでなく、「タレント」を会社の中で発掘・育成し、主査として強力な権限を与え、会社全体でサポートする仕組みがあるからだと酒井は指摘している。

ただし、酒井の言う「タレント」は製造業をベースに説明されていて、垂直統制型のメーカーでも「タレント」さえいれば勝てると考えているようにも受け取れる。垂直統制型ヒエラルキーによるサプライサイドからのモノづくりそのものが時代に合わなくなっていること、これからはモノ・サービス自体ではなく、ユーザー起点で既存の業界を超えたＵＸを創造していかなければならないことについてはあまり触れられていない。

ひょっとすると、主査というタレントを活用する体制を含めて、トヨタの強みとなってきた「売れるモノづくり」の仕組み全体が、次の時代の足枷になる可能性もある。トヨタも自動運転技術への取り組みや遊び心の提案など、新しい試みを始めているが、今のところ既存の製造業の発想から脱却できていないように見える。

私が考える「UXリーダー」が、酒井の考える「タレント」と異なるのは、製造業や流通業、サービス業といった既存の区分を超えて、ゼロベースでUXを考え実行できるという点にある。したがって、どんな業界から出現するにしろ、既存業界や既存企業の固定観念にとらわれない自由な発想で考える能力が最も重要になるだろう。

UXビジネスを起業するためのシナリオをどう描くか

もしあなたが企業に勤めていて、新たにUXビジネスを創造したいと考えているなら、どのようなプロセスを歩むべきだろうか？

すでに述べたように、それが成熟した既存事業とまったく異なる新たなビジネスモデルであればあるほど、既存の組織やリソースの活用は難しく、社内で新規事業を企画提案しても採用される確率は極めて低い。妥協して既存事業に近づけてビジネスを立ち上げたとしても、そのビジネスに将来性はない。別会社としてスタートできたとしても、費用対効果など既存の基準で評価されれば、数年で「失敗」の烙印を押されてしまうだろう。本当にUXビジネスを立ち上げたいなら、独立して起業するしかない。

もし近い将来起業したいなら、会社の仕事をしながら準備を進めればいい。大切なのは会社の仕事のためにあまり時間を使わないことだ。残業などしていたら、起業のために必要な勉強や人脈作りができなくなる。ただ仕事に追われているだけではその会社のやり方が身につくだけで、起業に必要な勉強はできない。商社でも銀行でもコンサルティング会社でも、会社で身につけて起業の役に立つのはビジネスの基本だけであって、それ以外は自分で勉強するしかない。

よく自分への投資として資格取得のために勉強する人がいるが、これはまず起業の役に立たない。資格やそれに関わるスキルは、ビジネスの一部の業務で機能する手段であって、ビジネスを創造する段階では機能しない。もし会社を立ち上げ、ビジネスを推進していく上で、特定のスキルが必要になったらその資格をとるか、その資格・スキルを持つ人の力を借りればいいだけのことだ。

UXビジネスを創造するためにまずやるべきなのは、自分がユーザーになれる分野を選ぶことだ。モンベルの辰野氏が登山・アウトドアスポーツを選んだように、自分が好きなことを選ぶことが必要だ。もちろんそこでは「どれだけ本気で好きか」が問われる。流行に乗ってほんの少しかじっただけの趣味では、自分をユーザーの代表とすることはできないし、ユーザーの心を深くとらえることもできない。ビジネスで遭遇する様々な障壁を乗り越えるのも難しいだろう。必ずしもその分野の第一人者、スポーツのトップ選手のような存在である必要はないが、その分野を深く広く体験・研究し、どうしたらユーザーが喜ぶかを考えることができる必要がある。

起業とはこうした事業のアイデアを実現することだ。一人ですべてを抱え込むことはない。事業を興し、会社を運営していくには様々な能力が必要になる。新しいビジネスとは仲間と力を合わせて作っていくものだ。どのような仲間とどう役割分担しながらビジネスを立ち上げていくかが成功のカギになる。

自分がＵＸリーダーとしてユーザーの立場で考え、商品やサービスを作り出していけるなら、そのために必要な専門スキルを持つスペシャリスト、ＵＸを事業として具現化していくプロフェッショナルとビジネスを作っていく。それでも足りないものは社外と水平コラボレーションでまかなっていけばいい。社外にどれだけ仲間のネットワークが広がっているかも、ＵＸビジネスではとても重要だ。

もちろんＵＸリーダーには向き不向きがある。趣味として自分がやりたいこと、極めたいことはあっても、それをビジネスとして具現化できる能力はまた別物だからだ。起業の準備を進めるうちに、あるいは起業してから「自分はＵＸリーダー向きではない」とわかることもあるだろう。それでもあきらめる必要はない。仲間のネットワークを広げていけば、ＵＸリーダーの資質を持つ人に出会える可能性は十分にある。とにかく起業という人生の第２ステップに進むためには、自分から環境を整え、チャンスを作り出していくしかない。

起業の準備を進めるなら、焦る必要はないが、あまり時間をかけすぎるのもよくない。時間をかけすぎると、会社に染まってしまい、新しいビジネスを創り出す感覚が鈍ってくることもあるからだ。私はコンサルティング会社で経験を積み、29歳で起業したが、これでもギリギリのタイミングだったと思っている。貴重な経験もできたが、コンサルタントは事業家ではなく、事業家にアドバイスをするプロフェッショナルであり、これに慣れてしまうと事業家としての感性や決断力が育たない。起業には仲間や出資者との出会いなど、様々な条件が必要だが、チャンスは待っているだけではやってこない。自分から仕掛け、チャンスを作り出す努力が必要だ。

私自身の経験から言えば、起業は決して楽ではないが、仲間たちと力を合わせてビジネスを創り上げてきた人生は常にとても幸せなものだった。この幸せをぜひ一人でも多くの人に経験してもらいたい。

日本人はとかく「一所懸命やっていればいつか報われる」といった考え方をしがちだが、そうした会社のために滅私奉公する忍耐が報われるのは日本経済全体と多くの企業が上昇過程にあった時代の話だ。日本経済・日本の企業が成熟・停滞から下降へ転じつつある今は、そこに留まって言われた通りに仕事をしていたら会社と一緒に沈んでいく可能性が高い。成長性の高いビジネスを自分で創り出したほうが、よほど幸せに生きることができる。

ロジスティクスの4リソースはビジネス創造の主要分野

次にビジネスのフィールドについて見てみよう。この10年間にスタートして急成長したビジネスの特徴は、既存の概念にとらわれず、ユーザー起点で発想されたシェアリング型であること。もうひとつの特徴は、既存の業界の枠組みではなく、これまで業界を横断的に支えてきたロジスティクスのリソースを基軸としている企業が多いことだ。

ビジネス創造はロジスティクスの4つのリソース「グッズ／モノ」「スペース／空間」「タスク／仕事」「トランスポーテーション／輸送手段」すべてにおいて可能だ。しかもこの4つのリソース分野は、社会の新たなビジネス領域をほとんどカバーできるといっても過言ではないくらい広大だ。

さらに重要なのはこの4つのリソースが、シェアリングというビジネスモデルによって、すでに海外で巨大な市場を生みだしつつあることだ。アメリカのオークションサイト、リスティア（Listia）のウェブ資料によると、[27] ２０１４年には市場規模が２６０億ドルに拡大し、その後も成長は加速しており、２０１６年にはリソースごとに売上10億ドル企業が誕生すると見られている。

スペース／空間の分野では、この本で何度も言及してきたエアビーアンドビーがアメリカから世界へと活動を広げ、10億ドル企業の最有力候補となっている。この分野ではその他にもホームアウェー（HomeAway）、カウチサーフィン（Couchsurfing）など、エアビーアンドビーの競合企業があり、さらにオフィスや会議室などスペースのシェアをサポートするシェアデスク（ShareDesk）、犬のためにエアビーアンドビー的なサービスを提供するドッグバケイ（DogVacay）などがある。

トランスポーテーション／輸送手段の分野では、これもすでにシェアリングやユニコーン企業の例として紹介してきた配車サービス、ウーバー（Uber）が突出しているが、他にも船舶のシェアリングをサポートするボートバウンド（Boatbound）などがある。

タスク／仕事の分野では、お手伝いのシェアリング型サービスを提供するタスクラビット（TaskRabbit）が突出した成長を見せている。たとえば小さい子供がいて買い物に行きづらい家庭の買い物を代行する、家具を組み立てる、家電製品や電子機器を修理するといった、身近な困りごとを、マーケットプレイスの仕組みで助け合うＰtoＰサービスだ。地域のコミュニティを生みだし、互助的に機能させるビジネスモデルは世界中どこでも有効であるため、すでに海外にも広がっている。他にもスーパーの食品を1時間で配達するインスタカート（Instacart）が

2015年に評価額20億ドル企業となった。さらに学びのコミュニティを紹介するスキルシェア（Skillshare）、シェフの料理を家庭に届けるマンチェリー（Munchery）など、様々なタイプの企業が生まれている。

グッズ／モノの分野でも、2009年にスタートした物々交換のオークションサイト、リスティアが、従来型のネットオークションやマーケットプレイスとは異なるUXを創造・提供して、急速に成長した。2014年の時点で全米3万都市、取扱品1億アイテム、ユーザー700万人を達成し、2016年には10億ドル企業になると自ら宣言している。このサイトの特徴はユーザーがお金ではなく、モノをオークションに出品することでクレジットを得て、そのクレジットでオークションに参加し、ほしいモノを獲得するという仕組みだ。つまりお金ではなく、クレジット（信用・信頼）でモノをやり取りしているのである。この物々交換というシェアリングエコノミーの仕組みがユーザーの大きな支持を得ており、この企業の強力な成長エンジンとなっている。

グッズ／モノ分野におけるネットビジネスにはアマゾンという巨人が存在するが、その主力事業のビジネスモデルはあくまでメーカーや出店者が商品を販売する一方通行のビジネスだ。そこには購入・所有するという従来型の経済行為しか生まれない。

これに対してリスティアは物々交換という仕組みによって、ユーザーが出品者でもあるというシェアリングの場を創り出している。ユーザーはリスティアというコミュニティの中で、いらなくなったモノとほしいモノを交換しながら、お金に縛られずに豊かな生活ができる。物々交換でモノの循環が促進されるようになり、社会がより大量生産・消費型から持続可能型になっていくというメリットもある。これはアマゾンのような従来型のインターネット通販が提供できていなかったUXと言えるだろう。リスティアの急成長は、グッズ／モノの分野に既存の巨大企業がいても、これまでにないビジネスモデルによって新たな市場の創造は可能であることを物語っている。

こうした新興企業と新市場の急成長は、ロジスティクスの4リソースにどれだけ巨大なビジネスの可能性が隠れているかを物語っている。「ユーザーが求めている体験価値とは何か」「それを生みだす水平協働型の仕組みにどうすればユーザー自身を巻き込み、ユーザー兼プレーヤーとして活躍してもらうことができるか」を新たな発想で考え、IoT、AIなどのテクノロジーを活用して具現化すれば、誰でもロジスティクスの4リソースで新たなビジネスを創造し、成長させていくことができる。

「誰でもできる」ということは、垂直統制型ビジネスモデルでやってきた企業にもできるということだ。

ロジスティクスの改革が産業革命の条件であるという発見

この本でジェレミー・リフキンの『限界費用ゼロ社会』に何度か言及してきたのは、私がこれまで思い描き、自社で試行錯誤してきたビジネスモデルの改革が、「垂直統合型から水平協働型へ」

という産業社会の移行、新たな産業革命を示す壮大なスケールで語られていることに共感したからだ。

さらにこの本にはもうひとつ注目すべきことが語られている。それは、産業革命がコミュニケーション、エネルギー、ロジスティクスという産業の3大要素において飛躍的な革命が同時に起き、それらが相互に作用することによって生まれるという考え方だ。

第一次産業革命は通常、石炭・蒸気機関・鉄・鉄道などエネルギーと物流ばかりがクローズアップされるが、この時代は印刷の爆発的な普及による出版産業の発展が起き、雑誌・書籍による情報の大量流通が産業社会に大きな変革をもたらした時代でもあった。第二次産業革命の電信電話はこのコミュニケーションにスピードや距離の克服という革命をもたらし、石油や電力の活用によるエネルギー革命、自動車・航空機などの輸送革命と相まって20世紀の驚異的な経済発展を可能にした。

このコミュニケーションがエネルギー、ロジスティクスとの相互作用によって果たした役割を理解していなければ、次の産業革命を正確に理解することは難しい。

ビジネスの世界では80年代あたりからのコンピュータリゼーション、90年代からのネットワークの普及による「情報革命」が、第三次産業革命を生みだしたと考える人が少なくないが、リフキンはそう考えていないようだ。コミュニケーション、エネルギー、ロジスティクスという産業革命の三大要素が飛躍的な進化を遂げ、相互作用を生みだすまでには至っていないからだ。

たしかにスマートグリッドやIoTのように、エネルギーやロジスティクスと結びついて産業に爆発的な革新をもたらすようなコミュニケーション（ICT）の飛躍的進化は、80～90年代で

コミュニケーション、エネルギー、ロジスティクスの発展と産業革命

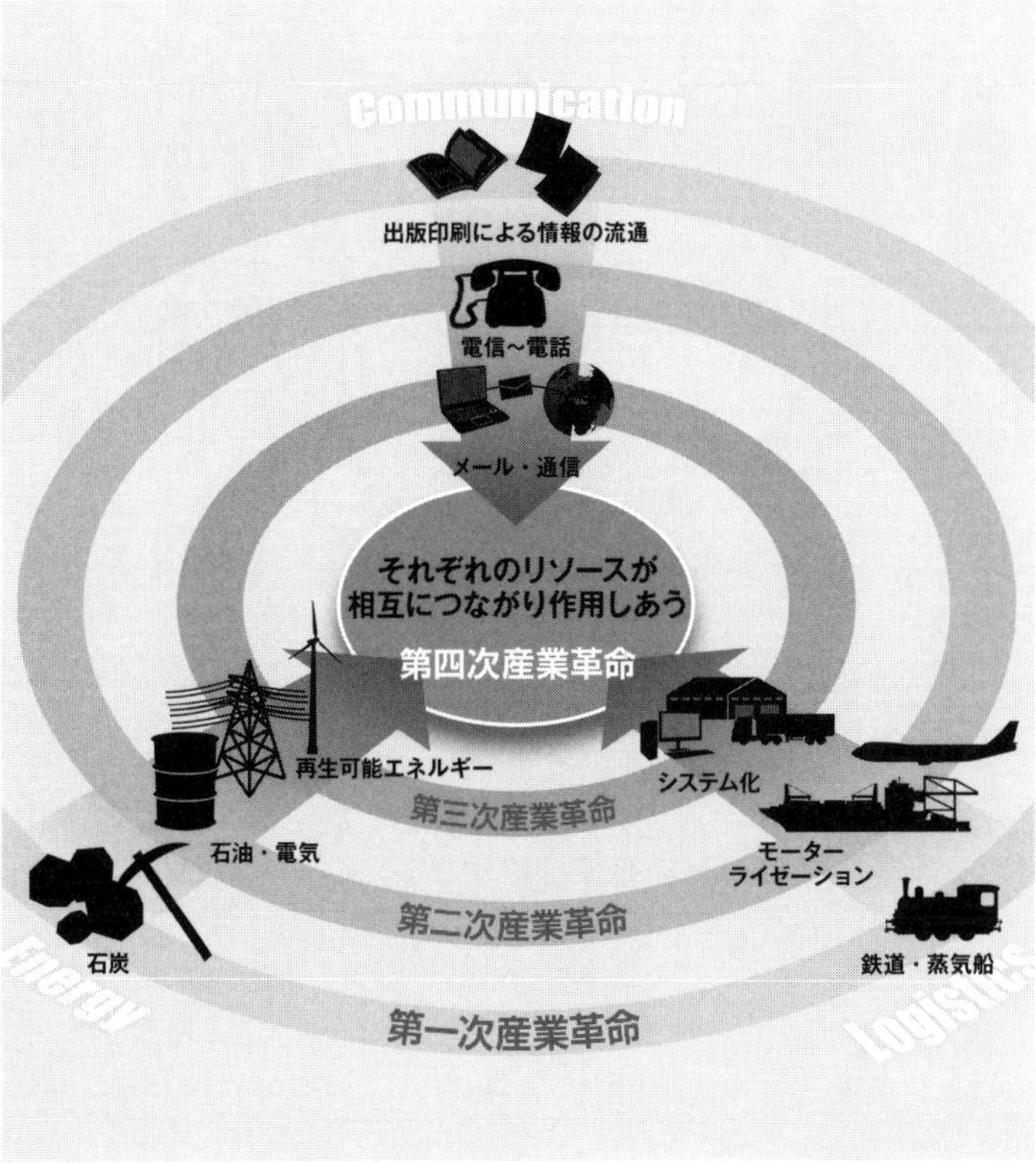

はなく21世紀に入ってから起きている。社会を変えるような再生可能エネルギーの技術革新や普及もまだ始まったばかりだ。

あらゆるリソースがニューロンでつながる

ロジスティクスはさらに遅れている。特に「ロジスティクス＝物流」という限定された概念にとらわれている日本では、産業・社会のリソースが古い垂直構造の中に押し込められたままになっている。この本で提示してきたように、これを水平型シェアリングエコノミーの仕組みとICTによって解放したとき、初めて「産業革命」と呼べるものが始まるだろう。それが一般に言われる「第四次」なのか、リフキンの言うように「第三次」なのかは、それほど重要ではない。必要なのはモノやスペース、仕事、移動手段といった産業・社会の重要リソースを、古い仕組みから解き放ち、企業・業界の壁を超えた新たな水平のシェアリングにより、UXを最大化する仕組みに変えていくことだ。

コミュニケーション、エネルギー、ロジスティクスは特定の業界に限定されることなく、産業・社会のあらゆるリソースを結びつけ、活性化する。だからこそ産業革命の3大要素と言えるのだ。

私がこの本の第2章、第3章で提示したのは、ICTなどのテクノロジーがニューロン・脳神経系のように、あらゆるリソースを結び、産業・社会をひとつの人体のような有機体に進化させる革命だ。80~90年代の「情報革命」が情報のやりとりを飛躍的に進化させた革命だったのに対し、これから顕在化してくる革命は、あらゆるモノ・空間・仕事・輸送がコミュニケーションと一体化する。

あらゆるリソースを常時接続して稼働させるには、リソースの数だけのセンサーや情報をやり取りする通信装置など、様々なデバイスが必要なだけでなく、そこに供給できるエネルギー・電源も必要なのだが、これら必要な要素がすべて揃ったのはごく最近のことだ。だからこそ今、革命が始まろうとしているのだ。

第6章　UXビジネスの障壁
——行政との交渉、働き方の改革

19世紀の仕組みが生き続ける国

日本の行政の仕組みが現状に合わなくなっていることは多くの人が認識している。たとえば製造業は経済産業省、情報通信は総務省、金融は金融庁など、産業別に監督省庁が異なり、それぞれに細かな規制が存在するため、業界をまたぐような新しい事業が生まれにくい。80年代から行政改革への取り組みも行われてきた。しかし、現在でも多くの規制が存在し、日本経済のイノベーション・活性化の障害になっている。

海外からはそれが不思議に見えるようだ。

ピーター・ドラッカーは2002年出版の『ネクスト・ソサエティ』の中で、日本を「19世紀の国」と呼んでいる。そして「私の父が働いていたころのオーストリアや絶頂期にあったフランスのように、基本的に日本という国は官僚によって運営されている」と、我が国の実情をかなり的確に見抜いていた。

日本が19世紀後半、欧米の先進国よりかなり遅れて近代国家としてのスタートを切ったときに、この官僚主導のシステムは生まれた。そしてかなり成功したと言えるだろう。最初のうちは先進国から学者や技術者を招き、その指導の下に経済や社会の仕組みを作り、船や機関車、産業用機械なども輸入でまかなっていたが、20世紀初頭には欧米から学んだ技術でこれらの機械を自作できるようになっていた。欧米以外でこれほど早く近代化を推し進め、こうした機器を開発・製造できるようになった国はない。これは国が主導して戦略的に海外から技術を導入し、企業や人材を育て、経済・社会の基盤を構築していったからできたことだ。ヨーロッパでもドイツが国家主導のシステムで成功している。

二度の世界大戦を経てドイツは大きく生まれ変わり、日本も太平洋戦争の敗戦により、軍国主義・帝国主義体制から脱却したが、日本の国家主導型のシステムは生き残った。そして戦後の驚異的な経済復興から経済大国への急成長に大きく貢献した。

青木昌彦の『比較制度分析序説』(講談社)によると、国家主導型経済は産業育成を強力に推進すると同時に、企業が輸出によって稼いだ富を、公共事業や補助金・助成金などによって国内に分配する仕組みであり、これによって日本の社会は豊かになった。19世紀型の古いシステムでも、戦争で壊滅した日本経済が先進国にキャッチアップするまでは機能したのだ。

しかし、キャッチアップの時期を過ぎると、この仕組みは機能しなくなる。円高や新興国との競合などによって、日本企業は国際市場で競争力を失い、輸出による稼ぎは減少した。国際市場で戦える企業は国家の保護から離れてグローバル化・現地化していき、国際市場から日本にもたらされる富はさらに収縮していった。こうなると国家主導による産業保護は、収縮する日本経済の中で既得権益にしがみつく企業のための制度でしかない。そして新しく価値を生みだす企業は、この既得権益の壁に阻まれて、市場に参入することができないという弊害を生んでいる。

UXを最大化するビジネスの立ち上げでぶつかる障壁

それでも規制緩和などの抜本的な改革が行われないのは、どのように自由化すれば日本の社会が活性化し、経済が復活するのか、明快な青写真が描けないからだ。それは新しい社会が何を求めているのかが見えていないということでもある。

新しい社会が求めているのは、この本を通じて私が何度も言及してきたUX（ユーザーエクスペリエンス）だ。単なるモノではなく、モノやサービスを通じて得られる体験だ。よりよい体験、魅力的な体験を提供する企業がこれからの時代を担っていくことになる。

ビジネスでUXを最大化するためには、従来の垂直統制型モデルにとらわれず、ユーザーサイドに立って必要なリソースを組み合わせなければならない。たとえば従来は物流業のために使用していたスペースを、スポーツやダンスなどのイベントのために使うといったケースが出てくる。ところが、こうした従来の業界の枠を超えたビジネスで、行政の許可をとろうとすると様々な障壁にぶつかる。行政の仕組みが古い産業のカテゴリーで仕切られた垂直統制型のままであり、この枠組みに収まらない企業の活動を規制する膨大な数の法律・制度が存在するからだ。

新しいタイプのビジネスを実現するのは、理論上不可能ではないが、そのためには法律や制度を研究し、所轄の官庁や自治体の部署に説明し、許可をとらなければならない。従来の概念にとらわれない新しいタイプのビジネスであればあるほど官庁・自治体の理解を得るのは難しく、説得・交渉に時間と手間がかかるだけでなく、弁護士・行政書士などスペシャリストのサポートも必要になる。

縦割り行政の壁
――モビリティサービスの例

その例として、私が経営する会社シーオスが新規事業立ち上げで経験した規制の壁を紹介しよう。

すでに紹介したように、シーオスはロジスティクスを基盤としたコンサルティングとソリューションの会社であり、顧客企業のロジスティクスを効果的にサポートするために、スペース（物流倉庫）とモビリティ（車による配送）のアウトソーシングサービスも提供している。新規事業はこれらのリソースを活用し、スポーツやダンス、音楽などのイベントへの場所の貸し出し、スポーツやレジャー用品の保管・メンテナンス・レンタルサービスなど、多様なサービスを展開していこうとしている。

その過程で行政の許可を得ようとするたびに、様々な障壁にぶつかることになった。たとえばドライバーが車でスポーツやレジャーで使う用具を取りに行く・届けるといったモビリティサービスは、貨物自動車運送事業法に基づく許可が必要になる。ただし、シーオスは既存のロジスティクス関連サービスで、一般貨物自動車運送事業者の許可を取得しているので、宅配に係わる標準約款を使用し、運輸局へ料金変更（宅配料金）の届出を行うだけで済む。ところが、顧客がスポーツやレジャーに出かけるときに、車と用具をセットで貸す、あるいは車とドライバー（運転）をセットで提供するとなると、話はまったく違ってくる。

まず車の貸与については道路運送法に基づき、自家用自動車有償貸渡業（つまりレンタカー事業）に該当するため、国土交通大臣の許可を受けなければならない。シーオスの自家用車ではなく、第三者の自家用車のシェアリングを仲介するだけならこのケースには当たらないが、車を提供する人はレンタカー事業者と見なされ、道路運送法に基づき事業の許可を受けなければならない。

ドライバーの運転サービスは、車とセットで提供されるとタクシー事業の許可を取得しなければならなくなるが、車とドライバーをそれぞれ別個に提供すると解釈すれば、車はレンタル事業、ドライバーは労働者派遣となる。車のレンタルが国土交通省の管轄であるのに対して、労働者派遣は厚生労働省の管轄だ。シーオスはすでにロジスティクス事業で労働者派遣事業者の許可を受けているが、受けていない人や企業がこうしたサービスを始めようとすれば、許可の取得が必要になる。

行政との交渉の難しさ
――スペース活用の例

このようにモビリティサービスについては、既存のロジスティクス・アウトソーシングサービスで取得していた事業者許可を活かすことができたが、スポーツ・イベントなどへのスペースの貸し出しについてはかなり苦労している。

そもそも物流倉庫を夜間だけ、まったく別の目的に貸し出すといったサービスが、これまでにないものであるだけに、シーオスに規制や許可取得に関する予備知識やノウハウがなかった。また、行政に相談しても趣旨を理解してもらえず、話がなかなか噛み合わなかった。

まず関連しそうな規制を調査したところ、建築物の用途を変更して使用する場合は、建築基準法に基づき、地方自治体に申請して確認済証の交付を受けなければならないことがわかってきた。しかし、用途変更といっても昼間は倉庫として使い、イベントのある夜間だけ棚を片付けて、スペースをフットサルなどのスポーツに使うという使用形態がはたして建築物の用途変更にあたるのかはっきりしない。

2016年4月19日

そこで倉庫の所在地である地方自治体A市の市役所に行き、建築物の用途変更窓口に相談してみた。すると、「まず申請書を出してください。用途変更については、申請後に確認します」と言われた。申請に来たのではなく、相談に来ているのだということを伝えてみたが、相手は建築関係の専門用語らしい言葉を並べて説明しようとするので、こちらにはまったく理解できない。どうやらこちらを建築の専門家と思い込んでいるようだ。建築物用途変更窓口は専門家が申請に来るところで、素人が相談に来ることはないのだろう。

そのため、まずシーオスという会社の概要を説明して、建築の素人が相談に来たのだということを理解してもらい、ようやく話を聞いてもらうことができた。しかし一通り相談したいことを説明しても、相談員からは「申請書を見て判断するので（今は何とも答えようがない）」「建築士に相談されては?」といった言葉しか出てこない。

40分以上実りのない会話が続いたところで別の相談員が加わり、同じ質問を繰り返した。すると「倉庫をフットサル場などにする場合には用途変更の申請が必要です。そしてまた倉庫の業務をするには、再び用途変更の申請が必要です」という答えが返ってきた。

つまり用途を変えるたびに申請が必要だというのだ。しかし、当社が考えているのは、倉庫として使っていた建物を長期にわたって別の用途に使うという使い方ではなく、ニーズがあれば毎日でも昼間と夜間で用途を変えるという使い方だ。

これに対して相談員は「一時的な利用でも、建物の用途が変わるなら申請が必要です。一度申請してから確認済証が出るまで1か月以上かかりますので、毎日用途変更を繰り返すのは無理です。たとえば今の倉庫を二分割して、半分を倉庫、半分をフットサル場にするなどの方法を検討してみてください」という。

2016年5月19日

この結果を受けてシーオスは対応策を検討した。そこで出てきたアイデアは、「倉庫が倉庫とスポーツ施設、両方の建築基準を満たしたら、用途変更せずに両方の目的で使用できるのではないか?」というものだった。

しかし担当者が関連書籍やインターネットで調べたところ、参考になる情報を見つけることができなかったため、再びA市の役所に相談に行った。

倉庫とスポーツ施設、両方の建築基準を満たした上で、倉庫の営業終了後または土日祝日にスポーツ施設として使用できるかと尋ねたところ、答えはノーだった。両方の建築基準を満たしていても、使用用途を変更するたびに、用途変更の申請が必要だという。

「両方の建築基準さえ満たせば、建物の安全は確保できるはずです」と問い質したが、

「建物の安全は関係ない。倉庫とフットサル施設を時間で区切るような使用方法は法令にありません。法令にないことは認めません。法改正を待つしかないですね」という答えが返ってきた。

そこで倉庫とフットサル施設の建築基準の違いや、必要となる主な工事について聞いてみたところ、何も教えてくれない。「なぜ何も教えてくれないのですか?」と質したところ、

「申し訳ないが、そういう方針です。技術的な質問についてひとつひとつ教えることはしません。質問はひとつだけに絞ってきてください。たとえば図面を持ってきて、その図面をもとに1箇所ピンポイントで質問いただければ、答えられる範囲で答えますが、それ以外の質問は受け付けません」という。

「何か参考資料はないでしょうか?　倉庫とフットサル施設の建築基準について知りたいので」

「資料は何もありません。自分で調べてください」

「参考資料もないなら、どうやって審査をしているんですか?」

「法令をもとに審査しています。法令はすべて頭の中に入っています」

「ではその法令を教えてください。あとは自分で調べますから」

「教えません。法令はたくさんあるので」

結局45分かかって何も得るものがないまま相談は終了した。


そこで参考になる情報を得られないかと、隣の地方自治体B市の市役所を訪ねた。

まず倉庫の所在地がA市ならそちらに聞いてくれと、追い返されそうになった。

「一般的な話を聞きたいのですが、おたくではそういう事例はありませんか?」と聞くと、「私にはわからない」と言う。

「わかる人はいませんか?」と聞くと、別のフロアの部署を教えられたので、そちらに行ってみると、まず「わかりません。聞いたこともない」と言う。

「事例がないのですか?」と重ねて聞くと、「確認してきます」といったん席をはずし、15分後に戻ってきて、

「倉庫とフットサルの例はありませんが、以前、新築の建物で主に学校として使用し、使わない期間は集会所としたいという相談があり、学校を主要用途として建築確認を行い、使わない期間に集会所として使用することを認めた例があります。建築基準は学校と集会所の両方を満たしていました」という。

「新築でない場合はどう判断されるのでしょうか?」と聞くと、

「個別に判断します。シーオスの主要用途が倉庫なら用途変更はいりません。ただし主要用途が倉庫かどうかの判断は、使用する割合、使用時間等を確認の上判断しますので、フットサルが主要用途と判断されれば、一度用途変更の申請が必要になります」

「主要用途がフットサル施設と判断されても、用途変更の申請は一度でいいのですか?」

「新築の学校と集会所の例からすればそうなると思います。ただし、法令にないので、絶対とは言えません。あくまで個別に対応します。具体的に回答するのは、倉庫とフットサル施設の正確な図面が必要ですが、これはB市に倉庫がある場合の話です」

個別に判断するとのことだが、A市の「法令にないものは無理」という姿勢とはかなり違う。

自治体によって対応が違うなら、他の自治体に行けばまた違った話が聞けるかもしれないと考え、担当者は地方自治体Cを訪ねた。

最初はBと同様「わかりません。A市で聞いてください」とのことだったが、「一般的な見解でいいので、誰かわかる人をお願いします」と食い下がっていると、次々相談員が出てきた。3人目、4人目の相談員も最初は「そんな相談は受けたこともない。聞いたこともない。例がない」の一点張りだったが、「もし今後そういう相談が来たらどう対応しますか?」と聞くと、「個別に判断する。あくまでケースバイケースの対応になる」という。

一番のネックになりそうな用途変更の申請について聞くと、

「倉庫の用途にフットサルの用途が追加されるわけですから、おそらく一度用途変更の申請をしてもらう可能性があります。ただし法令にないので、できないという判断にいたる可能性もあります。

判断するためには倉庫とフットサル施設の正確な図面が必要になりますが、これはA市にある倉庫なので、うちに図面を持ってこられても困ります。ちなみにA市では『Cの相談員がこう言った』といった話はしないでください。よその縄張りを荒らすことはできません。法令にないことなので、あくまで管轄の行政の判断になります」とのことだった。

結局、倉庫の空き時間を活用するという新規事業の趣旨がまったく考慮されず、既存の制度に合わないから認められないというのが行政の基本姿勢のようだ。ここに規制の問題が集約されている。社会の変化に合わせて新しいサービスを生みだそうという試みを、行政は既存の規則に当てはめて審査し、合わないものは認めないのだ。

シーオスには法律の専門家がいて、複雑な法的規制の構造を分析し、対応策を講じることもできるし、行政との交渉に人を割くこともできる。しかし、少人数で立ち上げたばかりのスタートアップ企業には、ほとんど不可能に近いだろう。社会に価値をもたらす多くのアイデアがこうした規制によって実を結ばないまま消えていく。規制が日本経済の革新、活性化を妨げているのだ。

規制とぶつかるより、旧制度が規定していない領域を開拓する

こうした規制への有効な対応策は、行政と戦うことではなく、規制されていない領域を見つけることだ。行政と正面からぶつかるのは簡単だが、ここまでの事例で紹介したように行政は法律

を楯に許諾を拒んでくる。禁止する法律があるかぎり、法律を変えなければ突破することはできない。

しかしこれには果てしない時間と手間がかかるし、いくら時間をかけたとしても勝てる保証はない。規制は既存の産業を保護するために存在する。規制とはこれまでの日本経済を支えてきた構造そのものなのだ。正直に正面からぶつかればぶつかるほど、規制は分厚く固い壁・岩盤になり、新しい試みを跳ね返す。理想に燃える政治家になりたいなら話は別だが、制度を変えることに果てしない時間や手間をかけるのは、ビジネスマンのとるべき道ではない。

だからといってあきらめる必要はない。規制の網をかいくぐってビジネスを実現する方法はある。なぜなら規制は既存の産業構造には対応していても、新しい環境の変化やビジネスモデルを想定も定義もしていないからだ。既存の産業構造と同様、対応する法律も行政の組織も縦割りになっているが、そこには色々な隙間が存在する。法律が禁じていないことは実行可能なのだ。

新しいビジネスを興すときに重要なのは、まず関連する法律をしっかり研究することだ。机上の勉強だけでなく、当社が行っているように、管轄の自治体に足を運び、行政の現場でどのような規制として立ち現れてくるかを探っていくことも必要だ。

事例として紹介した当社のスポーツ・アクティビティー新規事業の許認可でも、すでに見てきたように様々な規制の壁が見えてきたが、すでにロジスティクス関連事業で取得している許認可で対応できるものもあれば、倉庫のような施設を日々臨機応変にイベントなどの目的で使用するといった用途のように、法律で明確に規定されていないものもある。既存産業に合わせた縦割りの規制にこうした隙間を見つけ、横串を通していくことで、新しいビジネスを実現していく。

もちろん規制の岩盤にぶつかってサービスをあきらめざるをえないこともある。しかしただあきらめるのではなく、さらに研究をかさねて規制に定義されていないサービスのかたちを模索していく。可能性は無限にあり、常に多くのアイデアを生みだしては実現の可能性を探っている。実現できないアイデアが十あっても、ひとつ実現できれば先へ進むことができる。未遂に終わった構想も、時間がたって環境が変化すれば実現の可能性が復活することもある。これまでロジスティクスソリューション事業でも、スポーツ・アクティビティー事業でも、私たちはそうやって今までにないサービスや商品を実現してきた。そこにこそニュービジネス創造の面白さがあると言っても過言ではない。

これから新しいビジネスモデルで起業する人にぜひお勧めしたいのは、しっかりと法律を勉強することだ。私は多くの起業家が法律を甘く見て、夢や情熱だけで新しいビジネスに挑戦し、規制の壁に跳ね返されるのを見てきた。もっと法律を研究すれば解決策を見つけることができるのに、あまりにも無知なまま必要のない戦いを挑んで負けてしまうのはもったいない。

さらに私の経験からお勧めしたいのは、なるべく早い段階から法律の専門家を仲間に加えることだ。社内に優秀な法律のプロフェッショナルがいれば、様々な検討がすばやく効果的にできる。そこにかかる人件費は、ビジネス推進のスピードアップというメリットに比べればそれほど大きなものではない。近年は弁護士の数も増えていて、経理・財務など他のプロフェッショナルと同程度のコストで雇用することができる。高度な専門スキルを持つプロフェッショナルに週1日から数日、日割りで出社してもらうといった、シェアリング型の人材活用形態も生まれている。スタートアップから法律のプロを仲間に加えるためのハードルはかなり下がってきていると言えるだろう。

　こうして法律で行政当局と対等以上に交渉できる能力を整え、縦割りの規制で規定されていない領域を見つけて横断的に結びつけ、新たなサービスを生みだし、多くのユーザーの支持を集めていけば、やがて世論がそのメリットに気づき、規制の改革を求める声が高まってくるだろう。UXビジネスがGDPに占める割合を増やし、経済の新たな成長エンジンになることが明らかになれば、誰もがその価値を認めざるを得なくなる。選挙民の声に敏感な政治家も、国民の支持が得られるとわかれば動かざるをえなくなる。規制は先進的な経済活動の成功によって無効化されていくだろう。

　起業家がめざすべきは規制そのものへの戦いではなく、今できるニューエコノミーのビジネスでユーザー・社会の支持を拡大し、世の中を変えていくことだ。時代の大きな流れは古い垂直統制型産業の限界を明らかにしながら、水平協働型のUXビジネスへと向かっている。この流れをつかむことが重要だ。

規制の限界と
シェアリングエコノミーという仕組み

　シェアリングや水平協働など、新しい時代の仕組みは、古い制度の基盤となってきた産業や社会の仕組みとはまったく異なる価値観、発想から生まれている。その背景には古い制度が現実の産業・社会においてこれまでのようには機能しなくなってきているという事実がある。したがって、新しい仕組みは古い仕組みと敵対するものではなく、その問題を解決するという役割を果たす。この現実が見えれば、旧制度の規制とぶつかるより、そこで規定されていない新たな領域を創り出すというアプローチのほうがどれだけ有効か理解できるだろう。

たとえば日本では車をシェアするウーバーや、部屋をシェアするエアビーアンドビーのような仕組みに懐疑的な意見が聞かれる。社会の仕組みとして、知らない人を家に入れたり車に乗せることへの不安、セキュリティ確保に関する疑問がその根底にはある。

しかし、こうした議論は世界でウーバーやエアビーアンドビーを爆発的に普及させた新たな社会的ニーズ、シェアリングエコノミーという仕組みの本質からまったくかけ離れたところで行われていると言わざるを得ない。

シェアリングエコノミーのビジネスは、そもそも個人の信頼関係で成り立っている。参加者はコミュニティで評価されるために良識ある行動をとる。評価が低ければ利用者が減り、コミュニティでの活動ができなくなる。逆に評価を上げれば利用者が増え、コミュニティ内での活動が充実する。シェアリングのコミュニティでは、参加者みんなの目や声がサービスのクオリティを守り、高めるのだ。

ウーバー、エアビーアンドビーがサンフランシスコの人口密集地域から生まれたのは偶然ではない。アメリカの大都市、人口密集地域は治安が悪いことで知られている。だからこそ信頼関係によって成り立つコミュニティサービスが価値を生みだしたのだ。

「治安が悪い地域で、知らない人を車に乗せる、家に入れるのは危険ではないか?」と考えるかもしれないが、それは治安がいい日本しか知らない人の発想だ。日本が海外に比べて安全なのは、元々都市の町内会や農村の共同体など、地域の全員が知り合いであるような地縁社会が伝統的に存在したからだ。

アメリカの大都市のように、多民族が自由に行動するエリアでは、どれだけ警察や保安官がいても、地縁社会のような安全は確保できない。こうした社会では、ウーバー、エアビーアンドビーのようにインターネットで個人情報を共有し、信頼関係を構築する仕組みが、治安の維持・向上に役立つのだ。

おそらくアメリカ政府もこうした仕組みを歓迎している。貧富の格差拡大や民族問題、テロなどで治安が悪化している今、警備体制の強化だけで問題を解決できないことは明らかだからだ。日本はまだアメリカほど深刻な社会の安全保障問題に直面していないと言えるかもしれない。しかし、都会では隣近所に名前も知らない人が住んでいるのは珍しくないし、外国人も急速に増加している。地方の農業を基盤とした濃密な地縁・血縁社会も、農業社会が衰退し、世代が代わるにつれて、人のつながりが急速に失われつつある。もはや誰もが顔見知りだった日本の地域社会・地域共同体は当たり前のものではなくなっている。こうした変化の中で社会のセキュリティを確保していくために、新たな仕組みが必要な時代がやってきているのだ。

ＡＩの進化が教えてくれる新しい仕組みの本質

国家による上からの統制ではなく、ＰtoＰの連携・協働から生まれる調和を活用したほうが、安全な社会が実現・維持できるという事実は、これからの経済が垂直統制型から水平協働型へ移行していくことと無関係ではない。いや、今社会に起こりつつある巨大で本質的変化の多くがこの流れに沿って起こっている。

このことに多くの人が気づいたのは、たとえばAI（人工知能）へのアプローチが大きく変わったときだったかもしれない。人の脳のように考えるコンピュータは、初期のコンピュータが生まれたときから科学者たちの夢だったし、80年代あたりからはこれを実現するための方法論が見えたと確信する人たちも現れた。

しかし十数年たっても、人のように考えるコンピュータは実現せず、科学者たちは別のアプローチを模索するようになった。80年代のAIの研究者が人の脳を理想とし、人が脳の中に膨大な記憶とその処理システムを持っているように、コンピュータもすべてを中に持とうとした。これに対して、新しいアプローチは膨大なデータを内側に持つことをやめた。そのかわり飛躍的に高速化した処理能力を活かして、外にある膨大なデータを解析し、学ぶことで人間に近い判断、場合によっては人間を超える判断ができるシステムを創り出した。これが近年のAIの能力を飛躍的に向上させた。

このAIの方針転換による進化は、おそらく大型コンピュータによるバッチ処理主体に、ネットワーク型の分散処理が加わり、コンピュータの活用が飛躍的に広がったとき以来の画期的な技術革新と言えるかもしれない。

ひとつのシステムがどれほど巨大でも、閉じた仕組みの中にすべてを囲い込もうとすれば、解析能力にはおのずと限界が生まれる。しかし、解析の対象を外に広げ、世の中に存在するデータを多く解析すればするほど、得られる知恵は深く高度になる。最近のＡＩがディープラーニング、マシンラーニングと呼ばれるのはそのためだ。

このシステムは自分の知恵を固定した状態に留めることがない。知識の対象を囲い込まず、多くの事象から学ぶ。そして学習すればするほど賢くなる。つまり囲い込みから解放へという原理によって、果てしなく高度な知性を進化させていくのだ。

このどんどん賢くなっていくコンピュータがあれば、経済も社会も上から統制するよりＰtoＰに解放したほうが、結果的によりよい調和と活力を生みだすことができる。今日のすべてが複雑化し、グローバル化した世界では、国家にしろ大企業にしろ、垂直型ヒエラルキーを持つ仕組みはすぐに硬直し、いたるところに軋轢や混乱を生みだす。その点、ＩoＴですべてをつなぎ、ＡＩのような賢いシステムで的確に調整する水平協働型の仕組みは、社会のいたるところから常に新しい活力を生みだす。

この仕組みの転換がもたらす本質的な意味を理解すれば、今、そしてこれから何を考え、どう行動すべきかは自ずと見えてくるだろう。

21世紀の現実を見るだけで答えがわかる

日本がウーバー、エアビーアンドビーのような仕組みの導入に積極的でない理由は、おそらく19世紀型の国家が維持されていることと無関係ではない。そこには日本は「単一民族」国家で、国が安全・安心を保証できる、すべきであるという価値観がある。

社会の現実はすでにこの古い価値観と相容れないところまで進んでいる。かつて海外市場で戦うのは一部の大企業だけだったが、今は個人も中小企業もグローバル経済にアクセスできるし、その影響から無関係に生きることは難しくなっている。だから国内経済にも従来のBtoB／BtoCビジネス、垂直統制型ビジネスにおさまらない、新しいビジネスが生まれつつある。そこで求められるのは、新しい枠組みの中でお互いが信頼し合える仕組みだ。

そもそも信頼を基盤とする仕組みは、日本の伝統的な風土とかけ離れたものではない。たとえば日本の社会が他の国々に比べて安全なのは、国や警察による管理以前に、元々日本人の中にある文化、人を信用し、協力し、社会の調和を大切にする文化によるところが大きい。つまり日本人とシェアリングの仕組みには親和性があるのだ。

インターネットが日本で爆発的に普及したのは、元々あった信頼に基づく社会を、ネットワークという新しい仕組みの中でも構築したいという気持ちが、多くの日本人の中に存在しているからだ。ウーバー、エアビーアンドビーのようなサービスも、その根底にある信頼関係の構築という部分では、日本の社会と極めて親和性が高い。こうした新しい仕組みをいたずらに規制するのではなく、人と社会のニーズを見据えながら推進していけば、大きなメリットが生まれるはずだ。

逆にこのまま国が19世紀型の論理で経済・社会の仕組みを主導していったら、予算がいくらあっても足りないだろう。20世紀からすでに日本の社会は国の主導で運営できるような規模ではなくなっている。その現実を見ずに国の主導体制を強引に続けた結果が、巨額の財政赤字なのだ。

この問題を解決するためには規制を緩和・最適化し、社会が求めていることに向けて日本のエネルギーを解放する必要がある。19世紀の幻想を捨て、21世紀の現実を見れば、それがどれだけ自然で必然的なことかがわかるだろう。

シェアリグエコノミーの最大の障壁、古い働き方を変革する

日本企業がシェアリングエコノミーに移行していく上で、最大の障壁となるのは人の働き方の古い仕組みだ。90年代から企業が試みてきた改革が実を結ばなかった理由も、根本はそこにある。優秀な人材がたくさんいるにもかかわらず、彼らの働き方、人材の活用法が実情に合っていないため、成果を生みだすことができないのだ。

第1章で紹介したドラッカーの『ネクスト・ソサエティ』をもう一度思い出してほしい。彼は経済社会の変化を5つのポイントにまとめているが、その第一が「企業の従業員支配からプロフェッショナル主導へ」であり、第二が「画一的フルタイム労働から勤務の多様化へ」だ。

日本の企業はこの重要課題をクリアできていない。「プロフェッショナルの育成」や「現場への権限委譲」、「ダイバーシティの推進」などに取り組んでいる企業は少なくないが、垂直統制型ヒエラルキーの枠内で行っているため、小手先の制度改革に終わってしまい、ビジネスの成果を生みだすような改革になっていないのだ。

日本の企業は新卒採用した社員を定年まで長期的に囲い込み、独自の人材育成・人材活用を行ってきた。高度な技術を持つプロフェッショナルも存在するが、人材としての価値は、

プロフェッショナルとして生みだす価値ではなく、職位という日本独特の尺度で決められる。職位を決めるのは勤続年数と管理する組織の規模、部下の数だ。

これが戦後の復興期から高度成長期にかけて、人材活用のシステムとして成功したのは、産業が市場をリードし、製品を大量生産・販売するビジネスモデルが機能する時代だったからだ。そこでは垂直統制型の緊密なチームワークで製品の性能や品質、生産効率を高めることが、企業の競争力を高めることにつながった。

しかし90年代以降、経済の主権が企業からユーザーに移り、UXの最大化が勝負を分けるようになると、この仕組みが通用しなくなった。単に垂直統制型の組織に忠実な人材ではなく、企業や業界の枠を超えて考え行動できるようなUXリーダー、プロフェッショナル、スペシャリストの能力を組み合わせて、最適なチームを組成しなければ、ビジネスに勝てない。必要なのは垂直型組織で職位の高い人材ではなく、UXを生みだすことができる人材なのだ。

しかし日本の企業にはこのような人材が極めて少ない。高度な技術力を持つ技術者や、国家資格・企業内認定制度による技能を持つ人たちは多いが、市場のユーザーに新しい体験を提供する能力は、そうした既存の育成システムや資格・技能認定制度では育てられない。かつて世界を席巻した日本の技術力も、新たなユーザー体験を創造するというコンセプトが欠落しているため機能していない。

UXリーダーは企業の外、ユーザーのコミュニティから発掘する

日本企業の垂直統制型ヒエラルキーの中でUXリーダーを育てるのは、プロフェッショナル以上に難しい。課題解決能力を持ち、ビジネスで結果を出せる人材であるプロフェッショナルは、勤続年数や組織の管理能力が評価される日本企業では馴染みにくいが、それでも垂直統制型ビジネスモデルの中でもある程度の活躍はできる。

これに対して、UXリーダーはそもそも垂直統制型ビジネスモデル自体と全く相容れない。なぜなら彼はユーザーのことをひたすら考える人であり、ユーザーと自分を重ね合わせ、「自分の人生をかけて最高のユーザー体験を創りたい」と考える人だからだ。彼が実現したいことは、企業のリソースや組織の枠組みとは全く異なるところから生まれてくるため、既存の垂直統制型ビジネスモデルの中では受け入れられない。UXビジネスを成功させるには、こういう人材にチャンスを与える必要がある。

UXリーダーの素質がある人は、組織の中で評価されず、不満を抱えて低い職位に甘んじているかもしれないし、割り切って既存の人事評価制度で成績を上げているかもしれない。いずれにしても仕事上の顔と本来の自分自身の顔を分けているので、会社の中でこうした人を見分けるのは難しい。

UXリーダーを発掘・登用するなら、会社の外も含めて探したほうがよい。たとえば趣味などでつながったユーザーのコミュニティでリーダーシップを発揮している人はUXリーダーになる可能性がある。自分が好きでたまらない分野で、ただそれを楽しむのではなく、もっと楽しめるようにする仕組みやグッズなどを考え、仲間を巻き込んで活動しているような人だ。その中から登山家から登山用品ビジネスを立ち上げたモンベルの辰野勇氏や、音楽・レコード好きから音楽ビジネスを立ち上げたエイベックスの松浦勝人氏のように、趣味の域を超えてＵＸを創り出したいと考えている人に出会えるかもしれない。

重要なのはそういう人を垂直統制型企業の中に取り込むのではなく、会社の枠組みの外でのビジネス立ち上げを支援することだ。第３章でも述べたように、費用対効果でＵＸビジネスを評価したり、社内にある既存リソースの活用を押しつけるなど、垂直統制型ビジネスモデルの価値基準で拘束したら、ユーザーオリエンテッドなビジネスはうまくいかない。自分自身がユーザーであるＵＸリーダーがその情熱・志を貫くことで、ＵＸビジネスは初めて生きたものになる。

日本に多くのＵＸリーダーが出現したのは敗戦後の復興期だったことを考えると、その意味がよくわかる。彼らは自由な経済活動が封じられた戦時体制下、多くの人が死んでいき、自分も死ぬかもしれないという極限状態で、自分が何をしたいのかを深く見つめ考える時間があったのかもしれない。敗戦によって軍国主義の国家が崩壊し、経済活動の自由が生まれたとき、多くの起業家が誕生したのは社会の需要があったからとも言えるが、そこから世界を驚かせるような企業が多数生まれたのは、ＵＸリーダーたちが戦時中の抑圧と戦後の解放という強烈な体験から、ビジネスにとって本当に大切なことを深く学んだからではないだろうか。

日本を支配していた体制が崩壊し、ゼロからのスタートだったが、その自由な環境がゼロベースから考え、新しいものを創り出す事業の追い風となった。しかも彼らは優れたスペシャリストを雇用することができた。軍需産業の崩壊で職を失った優秀な技術者がたくさんいたからだ。戦後の復興期は、それほど高品質でなくても造れば売れる状況だったから、これもスタートアップ企業にはプラスにはたらいたと言えるかもしれない。

しかし第1章で触れたように、企業が垂直統制型のビジネスモデルで成長し、終戦後のUXリーダーたちが引退していくと、市場ニーズを創り出すような創造性のある活力は失われていった。

トヨタの競争力を支えるタレント育成・活用システム

第5章でも紹介した『「タレント」の時代』（この「タレント」はUXリーダーとほぼ同じと考えてよいだろう）で、酒井崇男はトヨタのみが企業の中に「タレント」育成・活用の仕組みを構築することができたと語っている。おそらくそれはトヨタが戦後にゼロから起業した会社ではないからだろう。トヨタには豊田自動織機という母体があり、豊田佐吉が創業した明治期にベンチャーとしての経験を積んでいる。産業機械の発明家だった佐吉は三河地域の資産家から出資を受けて自動織機を事業化するが、経営陣と対立して会社を追われるなど様々な苦労を重ね、優れた人材に支えられながら、発明を事業化するビジネスモデルを確立した。

2代目の豊田喜一郎が昭和初期に産業機械ではなく自動車という新しい分野に挑戦したのは、発明家の気質がそうさせたとも言えるが、新しい事業創造に挑んだ父の背中を追った結果であるとも言える。軍国主義の台頭で乗用車を作りたいという夢は長く封印されたが、戦後の乗用車事業では純粋なスタートアップ企業より優位に立つことができた。

たとえば経営危機を立て直し、いわゆる「無借金経営」を実現したのが豊田自動織機出身で佐吉や婿の利三郎に育てられた石田退三だったように、トヨタは自動織機から多くのものを受け継ぐことができた。

佐吉の甥である豊田英二は高度成長期のトヨタを率いて、初代クラウンの主査を務めた中村健也や主査制度を確立した長谷川龍雄など様々なタレントを登用したトヨタにおける経営のキーマンだが、その英二自身も豊田自動織機で喜一郎に育てられている。

酒井崇男は「タレントはタレントにしかわからない」といった意味のことを書いているが、トヨタは自動織機時代から自分自身が「タレント」だった佐吉を起点に、タレントを理解し活用できるリーダーの育成・登用を連綿と続けてきたのかもしれない。タレント発掘・育成・登用の仕組みは制度というより、企業文化として機能している。タレント活用以外にも、技術・製品の開発に潤沢な資金を投入するための無借金経営、それを支える極限の効率化としてのトヨタ生産方式などが一体となって世界企業トヨタの競争力を維持している。

新車種の開発・製造はひとつの新規事業であり、主査は社長であるとトヨタでは位置付けられている。トヨタの経営陣は資金などで主査／事業のトップをサポートするいわばベンチャーキャピタリストだ。そして様々な技術分野の研究・開発者たちは、新車種に自分たちの開発した技術を採用してもらおうと主査にプロモーション活動を行う。新車種に技術が採用されれば新たな開発予算が獲得でき、さらに技術を高度化することができるからだ。つまりトヨタ一社の中にいわばシリコンバレーのような起業家、ベンチャーキャピタル、技術研究機関の生態系が存在することで、競争力のある製品が生みだされているとさえ酒井は言う。

しかし、次の産業革命が私の予想するシェアリングエコノミーへの移行、モノから体験への移行をもたらすとしたら、トヨタの競争力を維持している仕組みは今までのように機能しなくなるかもしれない。少なくとも抜本的な変革が必要になるだろう。

トヨタの競争力は製品、つまりモノによって支えられているのであり、シェアリングによって自動車を所有せず、自動車を活用した体験のみを求めるユーザー層が拡大していけば、それだけ製品は売れなくなっていくからだ。

どんな企業も新しい社会への移行に向けて、すべてを根底から見直すときがきている。というより、新しい社会への移行を担う企業へと生まれ変わる企業だけが存続していくことになるだろう。

新規事業の創造で常に生まれ変わりながらグローバルに勝ち続けている企業の代表例はGEだ。GEは長い歴史を持つ電機メーカーであり、ビジネスモデルとしては垂直統合型だが、電力・石油・ガス・水などインフラや航空機、鉄道、医療機器、金融、不動産など、幅広い分野で高い収益力を誇っている。

第1章で紹介したように、航空機事業では製造業の枠にとらわれず、航空機リースビジネスや独自のICTによる航空会社向けの新しい運用マネジメントサービスを創造している。そこには既存の大企業がこれからの時代を生き抜いていくためにどう変わっていくべきかという問題に対する、ひとつの答え、少なくともひとつの方向性が示されている。

GEにはおそらく製造業の枠を超えてビジネスモデルを創造できる「タレント」たちが存在する。GEではこれを「リーダー」と呼んでいるようだ。日本GEでHR（ヒューマンリソース）担当取締役を経験し、現在LIXILの執行役副社長を務めている八木洋介氏によると、GEでは世界中の拠点からリーダー候補を発掘し、徹底的に鍛えながら育成していくという。世界に30万人いる社員の中でリーダーと呼べる人材は約３００人。このリーダーがいるからＧＥは世界で勝つことができると八木氏は言う。[28]

トヨタの「タレント」が主査、つまりモノづくりのリーダーであるのに対して、ＧＥの「リーダー」はおそらくモノを超えた発想ができるのだろう。航空機の運用マネジメントというモノに縛られない新しいＵＸを生みだすことができたＧＥは、トヨタより一歩先を行っていると言えるかもしれない。

イノベーションを阻む「日本的雇用慣行」の構造

人の働き方についてここまで課題が明らかになっているのだから、改革は可能なはずだと思われるかもしれないが、現実はそう簡単ではない。改革で負担を強いられるのは、改革を断行しなければならない社員たちだからだ。そこに問題の根深さがある。

八代尚宏の『日本的雇用慣行を打ち破れ』（日本経済新聞出版社）は、日本独特の雇用形態がどのようなメカニズムを持ち、いかに日本企業の改革を阻んでいるかについてわかりやすく解説している。

まず八代は長期雇用保障、年功昇進・賃金、企業別労働組合が日本的雇用慣行の三本柱であることを指摘する。これらはいずれも日本が戦後の復興期から経済成長期にかけて、人材を大量に抱え込む必要から生まれ、一定の成果をあげたことにより、日本の社会に広く根付いた制度だ。

長期雇用保障と年功昇進・賃金は、人材が社員として会社のために忠誠を尽くして働くための仕組みと言える。これによって人材は定年まで収入を保証され、会社の要求に従って働いてさえいれば、職位も賃金も上がっていく。

給与体系は若い頃に低く、賃金格差も小さいのに対し、中高年になると高くなり、職位の上昇に応じて格差が大きくなる。つまり転職せず、会社のために尽くせば尽くすほど、見返りが大きいという仕組みだ。しかも定年を迎えると退職金という日本独特の報酬が与えられる。言い換えれば、社員は俸給の一部を会社に預けているのであり（八代は「強制的な出資」と呼んでいる）、定年時にそれを受け取ることが、転職せずその会社で働き続ける動機づけになっている。

「労・労対立」から問題の本質が見えてくる

こうした八代の指摘を踏まえて考えると、日本の企業改革が進まない理由も理解できる。どんな企業改革も、彼らの長期的利益を保証する制度の変更につながるなら、それが会社にとって必要だとわかっていても、積極的にチャレンジする力は生まれにくいからだ。

90年代に入って多くの日本企業が経営難に陥ったとき、経営効率化・コストカットの手段として製造の海外移転と共に、非正規従業員の増員や子会社の設立が盛んに行われるようになったのも、企業を運営管理する「正社員」が自分たちの利益を守るためであると考えれば、その後の格差社会のメカニズムが見えてくる。

八代は格差拡大の根底には、正社員と非正社員の「労・労対立」があると指摘する。同じ能力があっても新卒採用で正社員になれば定年まで雇用と収入が保証され、正社員になれなければ不安定な雇用と格段に低い収入しか得られない。

さらに、同じ労働者の中に格差が拡大するこの「労・労対立」は、正社員と非正社員のあいだだけでなく、大企業と中小企業、男性社員と女性社員、若年層と中高年層などにも存在している。たとえば日本の雇用慣行では、長時間労働や頻繁な転勤など、過酷な勤務形態が不文律として義務づけられているが、これは男性が働き、女性が専業主婦として家庭を守るという役割分担に支えられてきた。政府や企業が「女性の活躍」を推進しても、雇用慣行が変わらないかぎり職場や夫婦間に男女の「労・労対立」が生まれ、改革の阻害要因となる。

中高年社員は能力が低くても職位に守られ、有能な若手社員より高い俸給をもらえるが、有能な中高年社員でも定年を迎えれば一斉に解雇あるいは退職させられる。最近は「雇用延長制度」を導入する企業も少なくないが、その実態は非正社員としての再雇用であり、俸給は劇的に下がる。この定年制度も人材の有効活用を大きく阻害している。

こうした格差が拡大すればするほど正社員はこの既得権益にしがみつき、会社の古い仕組みを変えようとしなくなる。つまり若手からベテラン、経営層にいたるまで、正社員全体が古い雇用制度に保証された既得権益の受益者だということが、日本企業が抱える根本的な問題なのだ。

これは国家の保護・規制に依存して、国際競争力を育てないまま存続している企業が、日本経済を弱体化させているのと同じ構図と言えるだろう。日本の企業も社員も古い制度が保証してきた既得権益にしがみついている。しかし、このまま企業の業績が悪化し、日本経済がさらに収縮・衰退していけば、長期雇用や俸給の保証も不可能になり、既得権益など消えてしまうことになるだろう。

そうした破綻が起きる前に企業を、日本経済を再生するには、既得権益を守る古い雇用制度を解体し、すべての人材が能力を最大限に発揮できる仕組みを構築する必要がある。

タスクのシェア・解放による働き方の改革

すべての人材が能力を最大限に発揮できる仕組みとは、垂直統制型の古い組織にとらわれず、その人の能力（職能）を評価し、最適な仕事（職務）を提供する仕組みだ。人材を組織に所属する「部員・課員」と考えるのではなく、その人が能力を発揮できるタスク・仕事と考え、会社のリソースとしてシェア・解放する。

垂直統制型ヒエラルキーに慣れている人には違和感があるかもしれないが、実は多くの企業が部分的にせよ実践してきたことだ。たとえば社内横断的なプロジェクトは、会社の様々な部署から適性のある人材が集められ、最適のチームを組成して実行される。プロジェクトチームのメンバーは、所属部署の仕事も並行して行うかもしれないし、ほとんどの時間をプロジェクトに割くかもしれないが、パーセンテージはどうであれ、そこではタスクのシェアが行われているのだ。

新規事業立ち上げプロジェクトや、新技術導入による製品開発プロジェクトなど、企業が何か新しいこと、画期的なことにチャレンジするときに、こうしたプロジェクト形式が採用されることが多い。しかし多くの場合、担当事業部主導で行われ、他部門から参加するメンバーはビジター・助っ人として位置付けられる。これは垂直統制型組織の慣行が基盤にあるからだ。

企業の活動すべてをプロジェクト、あるいはタスクのセットとしてとらえ、最適の人材をアサインして活用すれば、垂直統制型組織はおのずとその機能を縮小していき、あらゆる企業活動が活性化する。人材はスペシャリストとして職能を伸ばし、企業内に留まらず、社外でも通用するプロフェッショナルとして成長していくことができる。

ＩＴ業界のように、プロジェクトがビジネスの標準形という業界もある。こうした業界の企業ではスペシャリストが育つ。たとえばシステムベンダーでは、仕事の経験を積みながら、担当する顧客の業界や技術分野など、自分の強みとなる分野を見つけ、強化しながらスペシャリストとして成長していく。魅力的なプロジェクトにアサインされ、実績を作ればさらに強みは強化されていく。技術に特化していく成長もあれば、マネジメントに進む成長もある。

しかし、彼らが会社の枠を超えて通用するプロフェッショナルとして自立し、キャリアアップしているかというと、必ずしもそうではない。日本のシステムベンダーは日本型雇用形態で社員を囲い込んでおり、プロフェッショナルとして会社を飛び出し活躍する社員は決して多いとは言えない。

人も企業も生き残るためのチャレンジを始めるとき

こうした根深い日本的雇用慣行が岩盤のように企業の改革を阻んできた。90年代から成果主義の導入など様々な改革が試みられたが、ことごとくこの岩盤にはね返されてきた。しかし実はこの雇用慣行はすでに破綻しているのだ。

たとえば入社したての若手社員が、このまま定年まで30年以上、雇用や俸給が保証され、退職金を受け取って退職し、年金生活ができるだろうか？　そんなことを信じている人がどれだけいるだろうか？　今現在も産業が収縮していく中で、適応力のない企業が逐次淘汰されていこうとしている。どれだけ優秀な人材が会社のために一所懸命働いても、仕事が会社ごとなくなってしまうのだ。

今勤務している会社が敗れ去るにしろ、生き残るにしろ、人材が仕事を続けていくには、会社に従属・依存するのではなく、UXの最大化に貢献できるスペシャリスト、どこでも通用するプロフェッショナルとして会社にもたらす価値・利益を大きくしていくしかない。会社がUX最大化に挑戦せず、プロフェッショナルやスペシャリストを必要としていないなら、UXで勝負しようとしている会社に一刻も早く移ったほうがいい。企業も生き残りたければプロフェッショナルやスペシャリストが活躍できるプロジェクトでUXの最大化にチャレンジしていくしかない。

5年で起業家を育てる育成プログラムへの挑戦

GEやトヨタなど世界で勝ち続けている企業は、タレント／UXリーダーやプロフェッショナル、スペシャリストなど、事業の中核を担う人材を組織的に育成してきたと言えるだろう。しかしこれは垂直型ビジネスモデルで勝ち続けていくための企業努力であり、これからUXビジネスの創造を通じて水平協働型ニューエコノミーの時代を切り開いていく起業家がそこから育つかどうかは疑問だ。起業家は垂直型組織に囲い込まれていては絶対に育たない。

それでは他の業界で大手企業がそうした起業家を育てているかというと、そうした動きはまったく見られないと言っていい。

日本の総合商社が新しいビジネスのインキュベーションを推進していると見る人もいるが、実際に行われているのは事業投資と、商社のネットワークを活かした人やモノ、技術、情報のコーディネーションであって、起業・経営そのものは人任せにしている。そこからマネジャーは育っても起業家は育たない。

銀行はかつてメインバンクとして企業経営に積極的に関与したが、これは古い制度として次第に衰退し、現在は投資を行っているだけだ。彼らはアメリカのベンチャーキャピタルやエンジェルのように、自ら起業し成功した経験を活かして投資や起業支援を行うわけではない。そこからバンカーは育っても起業家は育たない。

コンサルティング会社も客観的な立場から企業にアイデアやソリューションを提供するコンサルタントを育てているだけで、いくらそこで経験を積んでも起業家は育たない。

事実として銀行や商社、コンサルティング会社から起業家が生まれているのは、そこで育てられたからではなく、彼らが古いビジネスの環境から脱出し、自ら起業家になったからだ。

一方、サイバーエージェントなど一部のベンチャー企業が起業家育成と言える試みを始めている。ベンチャーの経営者には、自分の会社やビジネスの枠におさまらない起業家を自ら育てたい、育てなければならないという切実な欲求があるからだ。ニューエコノミーでは、企業の成長は垂直統制型の大企業になることによってではなく、仲間としての起業家が増え、水平協働のネットワークを広げていくことによって実現される。アメリカ西海岸で多くのベンチャーが生まれ成長しているのも、成功した起業家が新たな起業家を育てているからだ。

私も起業家のひとりとして起業家を育てる試みを始めている。起業をめざしている学生または若い人材の中から素質がある人を毎年数名ずつ採用し、特別なプログラムで育成するのだ。期間は最大で5年。この間に営業や管理、商品企画、サービス開発、事業企画、事業経営などあらゆることを経験してもらう。通常の大企業では様々な部門を3年くらいずつ経験するといった育て方をするが、これでは時間がかかりすぎるし、経験できる分野・職種が限定されてしまう。UXリーダーや起業家の素質がある人物は、普通の人材に比べてはるかにハイスピードで学び、成長するので、そんなに時間をかける必要はない。

もちろん失敗はたくさんしていい。失敗しないと学べないことも多いからだ。特に前例のないこと、独創的なことをどう具現化すれば成功するか、どういうことに気をつけるべきかなどは、失敗から学ぶことが多い。同じ失敗を繰り返さず、新しいことに挑んで失敗から学んでいけば、それだけ大きく成長することができる。

5年以内という期間を設定したのは、私の経験からそれ以上起業を先延ばししても意味がない、あるいは逆効果だと思うからだ。起業に準備は必要だが、起業家としての人生はなるべく若いうちにスタートしたほうがいい。育成期間に経験から学べることと、実際に自分が起業して学べることはレベルが違う。若いうちに起業すればそれだけ起業家としての実戦を通じて学び、素晴らしいビジネスを創り出すことができる。

今年採用した人材がどんなビジネスを立ち上げるのかは未知数だが、おそらく私はメンターとして彼らの起業をサポートし、投資もするだろう。自分が素質を見込んで育てた起業家なら、ビジネスを成功させ、私にも利益をもたらしてくれるはずだからだ。しかし、最も重要なのは水平協働型のニューエコノミーを一緒に推進してくれる仲間が増えることだ。多様なＵＸビジネスを創り出す仲間が増え、ネットワークが広がれば広がるほど、日本経済の未来は明るくなる。

こうした起業家の育成は既存の企業では難しい。入社当初から起業家・経営者候補を選別して、特別に育てるというのは、平等を重んじる日本の社会では不可能に近い。創業家の御曹司に帝王学を授けるといったケースは別だが、普通は数年周期のジョブローテーションを皆が平等に経験し、長い年月をかけて職位が上がっていく中で、管理職から役員へと選別されていく。そこから育つのはその企業のリソースやカルチャーありきで経営を考える経営者であって、ＵＸをゼロベースで発想し、新しいビジネスを生みだす起業家ではない。既存の企業を前提とした平等な人材育成からは、ニューエコノミーの時代を生き延びるビジネスは生まれないだろう。

既存の企業が次の時代に生き延びるために言えることがあるとすれば、すでに述べたように、ＵＸリーダーの素質を持つ人材に既存の垂直統制型ヒエラルキーの外で新しいＵＸビジネスを立ち上げるチャンスを与えることだ。既存の人材育成プログラムではＵＸリーダーの育成は不可能だが、チャンスがないわけではない。新規ビジネス立ち上げにチャレンジしたいという人たちの中から、ＵＸリーダーの素質を持つ人材が現れる可能性はある。彼らの素質が本物なら、失敗も含めた経験をハイスピードで積みながら短期間で新しいビジネスのリーダー、経営者へと成長するだろう。

多様で柔軟な働き方ができる社会へ

既存の企業が新たな時代を生き延びるためになすべきことは、起業家を登用し、垂直統制型ヒエラルキーの外に新規ビジネスを立ち上げることだけではない。そこで働く人材、様々なスペシャリストを確保しなければならない。大企業なら各部門に優れた人材がいるだろうが、彼らは既存の垂直統制型ヒエラルキーの中で通用するスキルは磨いていても、外の世界、新しいビジネスの現場で通用するスペシャリスト、プロフェッショナルにはなっていない。

そこで必要なのは、まず人の働き方に関するこれまでの意識を変えることだ。そして全社が協力して人材の囲い込み状態を解消し、タスクとして解放・シェアしていくこと、人材をスペシャリスト、プロフェッショナルとして成長させていくことだ。企業内で彼らを活用しきれないなら、社員が社外のプロジェクトに参加することを容認・推奨すればいい。

これはシステム業界ではすでに行われていることであり、建設業界などにもジョイントベンチャーというプロジェクトの形態が存在する。最近では事業に必要な新しいリソースを一から創り出す体力も時間もないことから、業界を問わず業務提携やM&Aというかたちで企業の枠を超えたシェアリングが行われている。

こうした傾向がさらに進んでいくと、企業ごとのリソースの囲い込みは縮小していき、人材が主体的に企業の枠を超えてプロジェクトに参加し、プロフェッショナルとして成長していけるようになる。それが人材にとっても企業にとっても生き残りに不可欠な道であることも理解されるようになるだろう。

転職というキャリアアップの手段もそれほど意味を持たなくなる。人材は便宜上どこかの会社に所属しながら、その会社だけでなく、様々な会社、場合によっては様々な業界の仕事をするようになるからだ。活動の基地として、あるいは社会保険制度活用の基盤として、所属会社を持っていたほうが便利ではあるが、それは会社に従属してきた従来の雇用関係とはまったく異なる関係になるだろう。

こうした柔軟かつ人材オリエンテッドな働き方ができるようになることで、正社員・非正社員、男性・女性、若年層・中高年層など、様々な「労・労対立」は解消される。「ダイバーシティ推進」をスローガンとして掲げ、女性の登用や外国人の採用・活用を職場に義務づけなくても、人材が希望・意志・能力に応じて多様な働き方をするようになる。

現時点では二重雇用を禁止している企業が大半だが、人材だけでなく会社にとってもメリットがあるという理解が形成されれば、こうした制約は時代と共に消えていくことになるだろう。

これに違和感を覚える人は、まだ古い雇用慣行の不自然さを理解していない。たとえば経営者なら、他社の社外取締役を兼務している人はいくらでもいる。それを社員に認めないのは、時代遅れの従業員支配に固執しているからだ。しかし、まもなくそんな議論も不要になるだろう。プロフェッショナルの能力を解放・シェアできない企業は、競争に敗れて消えていく運命にあるからだ。

終章　ネクスト・メイン・フィールドへ

誰にとってもチャンスの時代

日本経済の問題点について再三語ってきたが、それでも私は今ほどチャンスが世の中に溢れている時代はないと思っている。

テクノロジーの進化によってこれまで不可能だった新しいことが色々な分野で可能になった。これを活かした新しい製品やサービスが次々と生まれ、短期間で世の中に広がった。インターネットの普及によって消費者・ユーザーは膨大な情報に触れ、自分に最適で最も手頃な商品やサービスにアクセスできるようになった。そして単なるモノやサービスではなく、それらを手段として自分たち自身の喜びや満足、すなわちUXを求めるようになった。産業主導の経済は終わり、ユーザー主導の経済が始まっている。

ところが垂直統制型の日本の産業は、市場が求めるUXを提供することができないでいる。

ユーザーが求める体験は、従来の産業区分やビジネスモデルとはまったく異なる、新しい技術や発想、ビジネスモデルを組み合わせなければ生みだせないからだ。つまり市場には満たされていないニーズが数え切れないほどあるということになる。

つまり古い仕組みにこだわらず、UXを起点に最適の組み合わせで新しいビジネスを作りだせば、成功する可能性が高いのだ。

しかも、事業をスタートさせるための資金も調達しやすい。

政府の超金融緩和や企業の緊縮経営のおかげでマネーは社会に溢れているし、未熟だと言われてきた日本のベンチャーキャピタルも様々な経験を積み、起業のバックアップができるようになってきた。今ほど起業しやすい時代はないと言ってもいいだろう。

この本では日本の企業がこれからの時代を生き抜いていくために、どのようにビジネスモデルを変えていくべきかについて語ったが、一番明快で成功の可能性が高く、日本の産業・社会にとってメリットが大きいのは、起業する人が増えることだ。

すでに何度も述べたように、既存の企業はUX最大化、シェアリングエコノミーというこれからの時代に不可欠な経営目標とビジネスモデルを実現しにくい構造・体質で固まっている。もちろん改革は可能だが、既存の経営ポリシーや組織、リソースにとらわれず、新しいビジョンを持つ人たちが有効なビジネスモデルで新たに会社を興したほうが、新規ビジネスははるかに成功する可能性が高い。

企業の中で自分の能力が活かされていないと感じている人は、こうした状況と真剣に向き合ってみることをお勧めしたい。特にこれまでにない市場を生みだせる新しい製品やサービスが企画できるのに、会社の古い仕組みや価値観に阻まれている人は、勇気をもって会社の外でその企画を試してみるべきだ。

最近では社外交流サークルなど、社外でそうした企画について様々な業界の人材と話し、意見を交換する場はいくつもある。そうしたネットワークを通じて同志を集め、ベンチャーキャピタルにプレゼンする機会を作ることも可能だ。

新しいビジネスをチームで生みだす

こうしたビジネス創造の核になるのはUXリーダーだ。UXリーダーは元エンジニアであることもあれば、元営業マンであることもある。学生である場合もある。共通しているのは自分の中にユーザーとして「こういうことができたらいいのに」という強い思いと、それを実現せずにいられない衝動を抱えていることだ。

もちろんそれを1人で製品やサービス、ビジネスとしてかたちにしていくことはできない。様々なプロフェッショナル、スペシャリストとの協働が必要になるし、会社経営の経験やスキルもないため、起業経験者やファイナンスのプロからサポートを受ける必要があるかもしれない。起業とはコラボレーションの仕組み作りであると言ってもいいだろう。

UXリーダーはビジネスに必要なプロフェッショナル、スペシャリストを様々な会社から集める。新しいUXを創り出し、提供するビジネスだから、ひとつの業界・ひとつの企業で人材がまかなえることはまずない。創り出そうとしている新しいUXの性格と、ビジネスのストラテジーによって、これまでの業界や技術分野にとらわれず、最適の人材を獲得する必要がある。

参加するプロフェッショナル、スペシャリストたちは、リーダーが語る新しいUXの可能性を理解し共感した人かもしれない。あるいは勤めている垂直統制型企業の将来を見限り、企業の中でしか通用しないマネジャーとして職位を上げていくより、スペシャリストとして経験を積み、スキルを上げていこうと決めた人かもしれない。

プロフェッショナル、スペシャリストはUXリーダーのように新しいUXがしっかりと見えているわけではない。見えない潜在的なユーザーの層を正確に見ながら、製品やサービスを通じて新しいUXを創造していく方法はUXリーダーにしかわからない。したがって彼は自分にしか見えていないユーザーの気持ちや価値観、新しいUXを創り出すために必要なことを翻訳し、スペシャリストたちに伝えなければならない。

彼はリーダーとしてプロフェッショナル、スペシャリストたちに様々な指示を出し、彼らによるアウトプットがめざすUXに合致しているかどうかを判断し、必要な改善を指示する。プロフェッショナル、スペシャリストたちに理解されず、議論になることもある。彼らに見えていないものを、リーダーの言葉を頼りに創り出すのは戸惑いを伴う仕事かもしれない。だからリーダーは彼らが理解できるような言葉で説明・説得を続けなければならない。効果的に仕事をするために、彼らの専門分野について学ばなければならない。

創り出そうとするUXが画期的なものであればあるほど、そこには大きな飛躍が必要になり、説得も難しくなる。UXリーダー自身が開発の過程で様々なことを猛スピードで学び、発見していくので、言っていることが変わることもある。めざすUX自体は変わらなくても、それを実現する方法は学びを通じて手直しされていくからだ。逆にスペシャリストがUXリーダーに有益な視点やヒントを提供し、意見を変えさせることもある。

スティーブ・ジョブズやジェフ・ベゾスの伝記にはそうした社員たちとの激しい議論や意見の対立が描かれている。しかし、UXの創造・最大化という目標さえ見失わなければ、ポジティブな解決法は必ず見つかる。

起業が社会にもたらすメリット

どのような試行錯誤を経るにせよ、UXリーダーが的確に潜在的ユーザー・市場をとらえ、最適なプロフェッショナル、スペシャリストと協力して新しいUXを創造し、正しい方法で提供すれば、ビジネスは成功する。それがユニコーン的に新しい巨大市場を生みだすのか、ひとつの市場に中規模の企業が競合しながら共存するのかはビジネスモデルによる。

デジタル系ビジネスは巨大化しやすく、独占もしやすいが、それだけ次の新しいビジネスモデルが出現してあっというまに独占支配が崩壊する可能性も高い。逆に製造やロジスティクスなど膨大なリソースが関わる業界は、伝統的な垂直統制型構造がネックになって、UXビジネスへの進化がほとんど進んでいない。しかし規模が巨大なだけに、こうした業界の数十%がUXオリエンテッドなシェアリング型ビジネスに移行するだけで、経済に大きなインパクトを与えることができる。

起業時の株式による資金調達についてわかりやすく説明している磯崎哲也の『起業のエクイティ・ファイナンス』(ダイヤモンド社)には、かつてないほど整いつつある起業環境の現状と共に、起業が社会にもたらすメリットについても述べられている。起業が社会にもたらすプラス効果は、まず雇用が増えることだ。

『起業のエクイティ・ファイナンス』には、「企業の社齢別に見た常用雇用の純増」を示すグラフが紹介されている。[29] それによると、社齢が10年以上の企業で常用雇用が軒並み減少していること、特に50年以上の企業でその規模が突出して大きいことがわかる。

これに対し、社齢10年以下の若い会社、特に0〜5年のスタートアップ企業が、突出して大きく雇用を増やし、50年以上の企業のマイナスを補っている。既存企業が収縮し、雇用が減っている今、新しい会社を数多く生みだし、雇用を拡大していくことは、日本の社会にとって急務であるとすら言える状況なのだ。

また、スタートアップ企業はただたくさん稼ぐだけでなく、稼いだマネーを既存大手企業のように内部留保せず次の投資に回すので、経済の活性化に貢献する。社会にマネーが循環することで、国や自治体の税収も増える。

協働し分かち合うことで世の中はよくなり、人は幸せになる

もうひとつ、とても重要なことについて言いたい。

それは協働し、分かち合うことの大切さだ。それはこの本の重要テーマであるシェアリングエコノミーや水平協働型の産業社会を実現していくためには必然であり、絶対に必要不可欠である。UXビジネスは大きな成功をおさめ、会社を急激に大きく成長させる可能性を持っている。つまり短期間で大きな富と影響力を得ることが可能だ。しかし、過去の産業革命で誕生した垂直統制型の巨大企業のように、富を囲い込み、産業を支配するタイプの経営は、ユーザー主権・UXオリエンテッドの時代、シェアリングエコノミー型社会ではうまくいかない。少なくとも長続きしないだろう。

主権者であるユーザーは企業の支配、寡占や独占を嫌う。自分たちが欲する体験を極力自分たち主導で実現しようとする。成功するビジネスはユーザーの体験をより魅力的にする提案者、支援者であって、企業の都合で何かを押しつけようとしたとたんに市場の支持を失う。

ユーザーにとって選択肢は多いほうがいいし、魅力的な新しい体験が次々生まれてくるためにも、企業は多いほうがいい。複数の企業が競争しながらより魅力的なUXを生みだし、質を高めていってくれればなおいい。

企業側にとっても競争はUXを向上・進化させるために有益だが、それはライバルを駆逐するための戦いではない。相手を倒すことより、同じ業界や他業界と協力してユーザーに新しいUX、

より大きなUXを提供することに注力したほうがいい。新しい可能性は企業や業界を超えたコラボレーション、シャッフルによって生まれるからだ。

企業内でも支配は禁物だ。

UXリーダーとプロフェッショナル、スペシャリストの緊密なコラボレーションがなければ、UXは生まれない。リーダーの指示はスペシャリストたちの協働によってUX実現を進めるための判断・決断であって、上からの命令ではない。リーダーは様々なプロフェッショナル、スペシャリストの領域に踏み込んでは一緒に考え、開発プロセスを進める。必要に応じてプロフェッショナル、スペシャリスト同士の連携をコーディネートする。彼らの活動は必然的に水平協働型になる。垂直統制型の企業が新規事業で失敗するのはリーダーがUXを見ていないからであり、UX創造を基軸とした水平なコラボレーションを生みだせないからだ。

ユーザーが主権者になったことで支配や統制が通用しなくなり、自由で活発なコラボレーションがビジネスの成功を生むようになった。つまり政治思想や倫理による制限ではなく、経済原理によって自由や平等が保護され、促進されようとしている。ここに今我々が直面している社会的な変化の歴史的意味がある。

アメリカ西海岸を世界のリーダーにした自由・多様性・協働のカルチャー

この本で私は「革命」という言葉を使ってきた。それは武力闘争や権力闘争を伴う従来型の革命ではなく、革命の意味自体が変わるような革命だからこそ革命的なのだ。

この変化の本質を理解すれば、なぜアメリカ西海岸で時代を変えるような企業が数多く育ち、経済を牽引しているのかがわかる。このエリアは早くからヨーロッパ社会の伝統を受け継いで発展した東海岸とちがい、自由と多様性を許容する文化が育った。

シリコンバレーの企業やスタンフォード大学に代表されるように、科学者やエンジニアたちのコラボレーションから多くの先進的なテクノロジーが生まれ、ビジネスへと育った。ベンチャーキャピタルの運営者や、個人でベンチャーに投資するエンジェルなど、企業のファイナンスをサポートする人たちには技術的バックグラウンドを持ち、ビジネスの立ち上げや経営の経験を持つ人たちが多い。彼らはベンチャーに投資するだけでなく、役員として経営に参加し、ビジネスの経験が不足している若い起業家を指導することも少なくない。

彼らは自分たちの経験を活かして新しいテクノロジーからビジネスを育てることに喜びを見いだす。投資は金銭目的というよりこうした支援・育成自体を目的としているようにも見える。磯崎哲也は『起業のエクイティ・ファイナンス』の中で、こうした支援の仕組みを「ベンチャー生態系」と呼んでいる。この「生態系」は全米に存在するが、シリコンバレーを中心としたアメリカ西海岸はその規模と活力において突出している。

60年代のフラワーチルドレン、ヒッピームーブメントがサンフランシスコを中心とする西海岸で花開いたのもおそらく無関係ではない。伝統の束縛を嫌い、自由を愛する風土が全米から多くの若者を引き寄せ、ユニークなカルチャーを創り出した。

バートン・H・ウルフが60年代に書いたノンフィクション『ザ・ヒッピー』（国書刊行会）や、90年代にマーチン・A・リー、ブルース・シュレインが60年代を包括的に描いた『アシッド・ドリームズ』（第三書館）などを読むと、インドのヨガを極めようとするグループや、ヒンドゥー教の神々を拝むグループ、アメリカ先住民と同化しようとするグループ、街頭で「ハプニング」と呼ばれる突発的なパフォーマンスを行うグループなど、実に多種多様なグループが存在したことがわかる。イベントでは食料がタダで配られ、郊外へ行けばヒッピーたちが運営する農場で働き、寝泊まりすることもできた。

ヒッピームーブメントの盛り上がりが絶頂を迎えた1967年の夏は「サマー・オヴ・ラブ」として伝説となった。ベトナム反戦運動や黒人差別と戦う公民権運動などとも共鳴し、運動の精神は「Love, Peace, Freedom／愛・平和・自由」という言葉に集約されたが、すべての根底にあったのは愛だった。男女や友人や家族の愛よりも広い、社会的な愛だ。

運動は収束したが、古い固定観念にとらわれず自由に考え、仲間を作り、コラボレートしながら新しいものを生みだすカルチャーは、シリコンバレーの若い技術者や起業家たちに受け継がれた。スティーブ・ジョブズの伝記には青春時代の彼がヒッピームーブメントの余韻とも言える環境の中で自分の生き方を模索し、パーソナルコンピュータという新しい分野の中で、仲間と出会い、創造的な製品を創り出していく様子が描かれている。

シリコンバレーが世界のテクノロジーとビジネスをリードし続けているのは、根底にこうした創造的な連携を常に生みだす自由で博愛精神に満ちたカルチャーがあるからだ。水平的なコラボレーションが重要度を増していくUXとシェアリングエコノミーの時代に、このカルチャーはますます大きな役割を果たすだろう。

日本にこうしたカルチャーが根付き、花開くことはあるだろうか？　私はありえると思う。シリコンバレーで経験を積んだＩＣＴとファイナンスのプロたちが日本で活躍を始めているというのも理由のひとつだが、そもそも日本人には自分の利益を追うより、仲間全体の利益を優先する文化があると思うからだ。

日本人の特性というと、垂直型の「上意下達」を尊ぶ古い体質をイメージしやすいが、その根底には利欲にとらわれず、相手のため、仲間のため、地域のため、世の中のために行動することをよしとする文化がある。禅や武士道に由来する無私の精神、古くから農村共同体に受け継がれてきた協働の風習、中世から地域を超えた活動を展開してきた商人や職人のネットワークなど、様々な水平連携のシステムやカルチャーがこの国には地下水脈のように存在している。この地下水脈こそ幕末から明治期にかけて、様々な勢力が対立を超えて結束し、日本を欧米列強の侵略から守り、短期間で近代的な産業社会を構築できた要因だったと私は考えている。

シリコンバレー型の起業支援を活性化させ、ベンチャーの生態系を育成していく中で、おそらく日本人は何が重要かを学び、急速に日本人に適した水平型コラボレーションを創り出していくだろう。

シェアリングエコノミーとはコラボレーションによって社会をよりよくしていく活動が、同時に成長性の高いビジネスでもある仕組みだ。この仕組みをテクノロジーによって実現していくことで、人類史上類を見ない産業革命が可能になる。この新しい産業革命に参加し、様々な人たちとコラボレートすることで、我々は誰もが豊かになると同時に、よりよいものを創り出し、人や社会に提供するという喜びを味わうことができるだろう。

ネクスト・メイン・フィールドを創り出そう

ＵＸを最大化するビジネスのために起業するということは、単に新しい会社を設立することではない。ユーザーが主導するニューエコノミーの創造に参画することであり、新しい時代を創り出すことだ。

私はこの新しいビジネスモデルでもあり経済社会モデルでもある仕組みを、「ネクスト・メイン・フィールド」と名付けてみた。それはＵＸ創造・実現のために設立される企業の仕組みであると同時に、これから広がっていくニューエコノミーの社会的な領域・仕組みでもある。

従来の垂直統制型ビジネスモデルでは、サプライサイドの原理でプロダクト・サービスが開発・製造・提供され、ユーザーは最下層に位置付けられていた。企業がどれだけ「お客様第一」をうたっても、ビジネスモデルがそうなっていないため、ユーザーは企業が上から提供してくるプロダクト・サービスから選択せざるをえなかった。

これに対してネクスト・メイン・フィールドの仕組みではユーザーが中心に位置し、ユーザーが新しいＵＸを創造・実現する。ＵＸリーダーはユーザーの代表であり、代弁者にすぎない。新しいＵＸは、ユーザーの代表であるＵＸリーダーが企画開発する製品やサービスを通じて実現されていく。

すでに述べたように、UXを実現する手段としての新しい製品やサービスを開発・提供するには、様々なテクノロジーやビジネススキル、法務やファイナンスなどの専門スキルが必要になる。UXリーダーは必要な分野に特に高度なスキルと新しいビジネスモデルの理解力、企業や業界を超えたコラボレート力などを兼ね備えたプロフェッショナルたちと協力しながらUXを創造していく。プロフェッショナルたちは製品やサービスを具体化していく各分野のスペシャリストたちのリーダーでもある。

UXリーダーとプロフェッショナル、スペシャリストたちの活動は水平協働型の同心円を描きながら展開される。そして彼らによって生みだされた製品やサービスを利用してUXを享受するユーザーは、同心円の外側にいるのではなく、UX創造の起点として中心にいる。つまりユーザーは自分たちの代表・代弁者であるUXリーダーとその協力者であるプロフェッショナルやスペシャリストたちを通じてではあるが、本質的には自分たちが自ら求め創り出したものを受け取るのだ。

ネクスト・メイン・フィールドでは、ユーザーがサービスのプレーヤーとして参加することができるだけでなく、UXの創造・提供のプロセス全体を通して主権者として、提唱者として参画している。ユーザーが自ら求め創り出したものを受け取るのであれば、製品やサービスが支持されビジネスが成功するのはある意味当然のことと言える。

すでに紹介したように、UXビジネスの成果を計る指標としては数量（売れた製品の数、サービスの利用回数、売上）やユーザーのアクティベーション（製品・サービス利用者の活動度合い）といったものもあるが、最も重要なのは「つながり」「コラボレーション」「シェアリング」の広がりかもしれない。人が多様なかたちでつながり、共感し、協力し、成果を分け合うことは、これからの社会で人の幸福を実現するための基盤としてますます重要度を増していくと思われるからだ。

地域社会や企業内などにもこうしたつながりを生み、維持する様々なコミュニティは存在するが、ネクスト・メイン・フィールドの仕組みは経済原理と融合したビジネスモデルとして、経済社会全体に広がり、世の中をより暮らしやすく変えていくことができる。そのエンジンとなるのが「つながり」「コラボレーション」「シェアリング」であり、これらの広がりこそがネクスト・メイン・フィールドの成長・拡大そのものであり、ビジネスの数量的な拡大はそこから必然的に生まれてくる結果にすぎない。

ネクスト・メイン・フィールドはひとつの企業から生みだすことができるし、同様の仕組みを持つ企業が増えていくことで社会全体の仕組みとなり、社会をよりよくしていくことができる。この仕組みが増えれば増えるほど世の中は豊かになり、人は暮らしやすくなり、生活は楽しくなる。企業は社会をよりよくすればするほど大きな成功を得ることができる。そしてビジネスに取り組むこと自体も楽しくなる。

今の日本に必要なのは、この好循環を生みだすフィールドに1人でも多くの人、1つでも多くの企業がチャレンジすることだ。

新しいビジネスが成功したら、利益を囲い込むのではなく、シリコンバレーの成功者たちのように、そこで得た経験と資金を活かし、次のチャレンジャーを支援してほしい。この起業の生態系が広がることによってネクスト・メイン・フィールドも広がり、日本経済は活気を取り戻すだろう。より多くの人がつながり、幸福を分かち合う社会が実現するだろう。

私自身もこの本で紹介したように、新しい事業にチャレンジし、そこで得た経験と資金を活用して次の世代の起業家たちを支援していきたいと考えている。

謝辞

まず、初めて本を書く私を最初から最後まで粘り強くサポートしてくれた原修二さん（私が発行人を務めるトライアスロン専門誌ルミナのライターでもある）、常に読者の目線で適切なアドバイスをいただき、私の講演に（頼んでもいないのに）自ら足を運び私の考えの理解を深めてくれた英治出版プロデューサーの山下智也さんに心から感謝したい。

制作に際しては進行、グラフィックを担当してくれたシーオス広報の児玉修司さん、村方伸さん、テクノロジー関連の記述を手伝ってくれたテクノロジー・リードの米里直樹さんから得難い支援を得た。本当に感謝している。

これまで多くの課題に取り組む機会をいただいたクライアントの方々、その課題に一緒になって懸命に取り組んでくれた社内外のメンバーの方々にもとても感謝している。こうした方々との豊かな経験がなければ、この本を書くことはできなかったと思う。

私が起業する土台を育んでくれたのは、前職アクセンチュアでの8年に及ぶ経験、特にケビン・ミッチェル、トッド・チェルニックとのプロジェクトが私のロジスティクス技術の基盤となっている。彼らにも心から感謝したい。

若輩ながら2期にわたり、東京薬科大学に理事として携わるきっかけを作ってくださった、今は亡き恩師の蔵本喜久先生、前理事長であり関東化学株式会社の野澤俊太郎会長にも深く感謝している。大学経営という得難い経験は私の多様性を育み、この本の執筆やシーオスの活動にも確実に結びついている。

最後に、25年に及ぶ私の社会人生活をずっと傍で見守り続けてくれた我が妻、元気に明るくマイホームを彩る3人の子供たち、80歳を超えても未だ元気に現役を続ける両親、そして姉とその家族たち。彼らの支えがなければ今の私は存在しない。この場を借りて心より感謝したい。

2016年11月

酒井崇男『「タレント」の時代——世界で勝ち続ける企業の人材戦略論』（講談社、2015年）
磯崎哲也『起業のエクイティ・ファイナンス——経済革命のための株式と契約』（ダイヤモンド社、2014年）
八代尚宏『日本的雇用慣行を打ち破れ——働き方改革の進め方』（日本経済新聞出版社、2015年）
八代尚宏『規制改革——「法と経済学」からの提言』（有斐閣、2003年）
青木昌彦『比較制度分析序説——経済システムの進化と多元性』（講談社、2008年）
日経コンピュータ編『FinTech革命 増補改訂版』（日経BP社、2016年）
HR総研編『経営を変える、攻めの人事へ——変化を先取りし、個人が活きる「勝つ組織」をつくる』（HRプロ、2014年）

参考文献

ジェレミー・リフキン『限界費用ゼロ社会――〈モノのインターネット〉と共有型経済の台頭』（柴田裕之訳、NHK 出版、2015 年）
レイチェル・ボッツマン、ルー・ロジャース『シェア――〈共有〉からビジネスを生みだす新戦略』（関美和訳、小林弘人監修・解説、NHK 出版、2010 年）
クリス・アンダーソン『フリー――〈無料〉からお金を生みだす新戦略』（高橋則明訳、小林弘人監修・解説、NHK 出版、2009 年）
クリス・アンダーソン『MAKERS――21 世紀の産業革命が始まる』関美和訳、NHK 出版、2012 年
P・F・ドラッカー『ネクスト・ソサエティ――歴史が見たことのない未来がはじまる』（上田惇生訳、ダイヤモンド社、2002 年）
クリストファー・スタイナー『アルゴリズムが世界を支配する』（永峯涼訳、KADOKAWA、2013 年）
エリック・ブリニョルフソン、アンドリュー・マカフィー『ザ・セカンド・マシン・エイジ』（村井章子訳、日経 BP 社、2015 年）
ビル・ゲイツ『ビル・ゲイツ未来を語る』（西和彦訳、アスキー、1995 年）
エリヤフ・ゴールドラット『ザ・ゴール――企業の究極の目的とは何か』（三本木亮訳、ダイヤモンド社、2001 年）
ケン・オーレッタ『グーグル秘録――完全なる破壊』（土方奈美訳、文藝春秋、2010 年）
ウォルター・アイザックソン『スティーブ・ジョブズ（Ⅰ・Ⅱ）』（井口耕二訳、講談社、2011 年）
ブラッド・ストーン『ジェフ・ベゾス果てなき野望――アマゾンを創った無敵の奇才経営者』（井口耕二訳、日経 BP 社、2014 年）
パット・ハドソン『産業革命』（大倉正雄訳、未來社、1999 年）
マーティン・A・リー、ブルース・シュレイン『アシッド・ドリームズ――CIA、LSD、ヒッピー革命』（越智道雄訳、第三書館、1992 年）
バートン・H・ウルフ『ザ・ヒッピー――フラワー・チルドレンの反抗と挫折』（飯田隆昭訳、国書刊行会、2012 年）

22. ITmedia Mobile「『アイフォン 7/7Plus』はココが進化した――アイフォン 6s/6s Plus と比較する」
http://www.itmedia.co.jp/mobile/articles/1609/08/news090.html（2016 年 11 月 1 日にアクセス）
23. モノワイヤレス社のホームページ「製品情報」
http://mono-wireless.com/jp/products/index.html（2016 年 11 月 1 日にアクセス）
24. モノワイヤレス社のホームページ「エナジーハーベスティングとは（環境発電とは）」
http://mono-wireless.com/jp/tech/eHarvest.html（2016 年 11 月 1 日にアクセス）
25. ケータイ Watch「LoRa とは」
http://k-tai.watch.impress.co.jp/docs/column/keyword/1003870.html（2016 年 11 月 1 日にアクセス）
26. 石の定義は「2 ミリメートル以上の岩石」であり、地球表面から人類が到達した最大深度約 6000 メートルまでの体積は約 31 億立法キロメートルなので、地球上で観測しうる石の数は最大でも 1.988 × 10 の 27 乗個程度となり、IPv6 アドレスの総数 3.40 × 10 の 38 乗個よりもはるかに少ない。
27. リスティア「シェアリング・エコノミーの誕生（The Birth of The Sharing Economy）」
https://www.listia.com/birth-of-the-sharing-economy（2016 年 11 月 1 日にアクセス）
28. HR 総研編『経営を変える、攻めの人事へ――変化を先取りし、個人が活きる「勝つ組織」をつくる』（HR プロ、2014 年）
29. 深尾京司、権赫旭「日本経済再生の原動力を求めて」（2010 年）

12. IEEE（The Institute of Electrical and Electronics Engineer, Inc.）はアメリカに本部がある電気・電子工学の学会。世界中の研究機関や機器メーカーや通信会社などがメンバーとなり、電気・電子工学に関する様々な国際標準の策定を推進している。IEEE802.11.～IEEE802.15.4は通信規格の種類とバージョン。
13. VPA（Virtual Personal Assistant/個人仮想アシスタント）は、スマートフォンやタブレットなどの端末で使用されるアプリの一種。AIや音声認識などの機能を備えていて、その人に必要あるいは有益な情報の検索・選択・回答・アドバイスなどを提供してくれる。iPhoneに搭載されたアップルのSiriなどが有名。
14. IP（インターネットプロトコル）は、インターネットの通信規約。IPV6は現行のIPであるV4（バージョン4）の次に採用予定の新しいIP。IPではインターネットに接続された様々なネットワークや機器にIPアドレスを割り当てている。このIPアドレスがIPV4では32ビットであり、割り当て可能なアドレス数は約43億個。インターネットの普及によってIPV4のアドレス数は限界に近づいている。一方IPV6のIPアドレスは128ビットで、アドレス数は2の128乗。事実上、地球上のあらゆるものにアドレスを割り振ることができる。
15. ニフティクラウド mobile backend「IoTにつながるデバイスってどのくらいの数になるの?」
http://iot.mb.cloud.nifty.com/iotcolumn/iot%E3%83%87%E3%83%90%E3%82%A4%E3%82%B9%E6%95%B0（2016年11月1日にアクセス）
16. 総務省『平成27年度版 情報通信白書』
17. マウントゴックスは2009年に設立されたビットコイン交換所。本拠は東京。2014年2月に取引を停止し、大量のビットコインが消失したと発表した。その後同社は破産手続きを行い、2015年9月、破産管財人は、顧客ら2万4000人が届け出た債権の総額が2兆6630億円になったと発表。この事件はビットコインの信用を大きく失墜させたが、ビットコイン自体のトラブルではなく、CEOマルク・カルプレスの窃盗によるものと見られ、他のビットコイン交換所は営業を続けている。
18. API（アプリケーション・プログラミング・インターフェース）は、ソフトウェアをつなぐプログラムの仕様。国際規格になっているものもあれば、ウィンドウズAPIのようにメジャーなソフトウェアのAPIや、プログラミング言語のAPIもある。こうしたAPIは公開されていて、これを使えば簡単にそのOSや言語に則ったソフトウェアを制作することができる。
19. エリック・ブリニョルフソン、アンドリュー・マカフィー『ザ・セカンド・マシン・エイジ』（村井章子訳、日経BP社、2015年）
20. 経済産業省IT経営ポータル「IT投資の対GDP比率（2008年）」
21. ASCII.jp ×デジタル「スーパーコンピューターの系譜　性能を10倍に引き上げたCRAY-2」
http://ascii.jp/elem/000/000/946/946936/（2016年11月1日にアクセス）

注

1. エアビーアンドビーのホームページ「Airbnb について」
https://www.airbnb.jp/about/about-us（2016 年 11 月 1 日にアクセス）
2. エアビーアンドビーのブログ「Airbnb 日本での経済波及効果」
http://blog.airbnb.com/airbnb-economic-impact-in-japan-ja/（2016 年 11 月 1 日にアクセス）
3. インターネットによる販売で、売れ筋商品から販売数が少ない商品まで幅広いアイテムを揃える手法のこと。販売数を示すグラフが恐竜のしっぽのように長く伸びたかたちになるためこの呼び名が生まれたと言われる。
4. ロイター「ウーバー、20 年に全国でサービス利用可能にしたい＝日本法人社長」
http://jp.reuters.com/article/uber-eats-launch-idJPKCN11Y0G0（2016 年 11 月 1 日にアクセス）
5. ライフハッカー「世界が感嘆したニッポンの『ひとりメーカー』。Bsize 八木啓太さんのモノ作り魂を聞く」
http://www.lifehacker.jp/2014/07/140702_gum_hakadoru.html（2016 年 11 月 1 日にアクセス）
6. 朝日新聞デジタル「『ウーバーなどと競争激化』　米大手タクシー倒産手続き」
http://www.asahi.com/articles/ASJ1V2RR9J1VUHBI00B.html（2016 年 11 月 1 日にアクセス）
7. P・F・ドラッカー『ネクスト・ソサエティ』（上田惇生訳、ダイヤモンド社、2002 年）
8. AWS のホームページ「AWS について」https://aws.amazon.com/jp/about-aws/「グローバルプラットフォーム」https://aws.amazon.com/jp/what-is-aws/（いずれも 2016 年 11 月 1 日にアクセス）
9. システムコントロールフェア 2015「GE って飛行機トータルソリューション会社 ??」
http://scf.jp/ja/essay/a004.php（2016 年 11 月 1 日にアクセス）
10. アップルのホームページ「iPhone7」
http://www.apple.com/jp/iphone-7/（2016 年 11 月 1 日にアクセス）
11. 日本経済新聞 電子版「米アップル CEO『スマホ、まだ草創期』」
http://www.nikkei.com/article/DGXLASDZ16H3E_W6A011C1000000/（2016 年 11 月 1 日にアクセス）

終　章

ネクスト・メイン・フィールドへ　221

誰にとってもチャンスの時代　221
新しいビジネスをチームで生みだす　223
起業が社会にもたらすメリット　225
協働し分かち合うことで世の中はよくなり、人は幸せになる　227
アメリカ西海岸を世界のリーダーにした自由・多様性・協働のカルチャー　228
ネクスト・メイン・フィールドを創り出そう　232

謝辞　236
参考文献　239
注　242

図　版

垂直統合型、垂直統制型、水平協働型　21
UX提供による新ビジネス創造に成功したGE　31
フォード型大量生産と、トヨタかんばん方式の違い　33
外注に頼る日本とバランスが取れたアメリカ　43
ラズベリーパイ（Raspberry Pi）　49
ソラコム（SORACOM）通信の仕組み　51
ブロードバンド通信とIEEE802.15.4 のナローバンド通信の違い　53
水平協働型シェアリングエコノミーでビジネスを効率化　57
ブロックチェーンの仕組み　79
IoTとPtoPシェアリングによるウォーターサーバの例　89
非稼働時間のシェアリング　105
tylesが創る専門誌との連携による市場のシェアリング　109
シーオスでの間接費用管理例　113
企業の全リソースをビジュアルプレゼンテーションで「見える化」　115
スマートフォン普及につながったテクノロジーの進化　129
シーオスのロボットを構成するIoTテクノロジーの5層　151
モンベルクラブが実現するUXビジネスの例　167
垂直統制型とUXリーダーによる水平協働型の違い　171
コミュニケーション、エネルギー、ロジスティクスの発展と産業革命　181

スタートアップ基盤の充実　144
第5層 AI　146
膨大なデータの集積・分析からAIへ　146
人間の学習をコンピュータに導入したグーグルの深層学習（ディープラーニング）　146
5層のテクノロジーの組み合わせ――協働型ロボット「ロジラー」　149

第5章
UX創造のビジネス戦略　152
リソースシェアリングによる新しいビジネスモデル

ロジスティクスが教えてくれたこと　152
ロジスティクスの改革から見えてきた古い仕組みの限界と新たな可能性　154
新規事業でUX最大化とリソースの解放・シェアを実践　156
シェアリングによる新たな市場創造への挑戦　158
メディカルロジスティクスというもうひとつの挑戦　159
シェアリング型ビジネスモデルでUXの創造・進化を広げていく　160
モンベルに学ぶUXビジネス創造のポイント　162
会員の数、アクティビティレベル、つながりがUXビジネス成功のカギ　164
UXビジネスを創り出すUXリーダーの役割　168
UXビジネスを起業するためのシナリオをどう描くか　173
ロジスティクスの4リソースはビジネス創造の主要分野　176
ロジスティクスの改革が産業革命の条件であるという発見　179
あらゆるリソースがニューロンでつながる　182

第6章
UXビジネスの障壁　184
行政との交渉、働き方の改革

19世紀の仕組みが生き続ける国　184
UXを最大化するビジネスの立ち上げでぶつかる障壁　186
縦割り行政の壁――モビリティサービスの例　187
行政との交渉の難しさ――スペース活用の例　189
2016年4月19日　189
2016年5月19日　190
規制とぶつかるより、旧制度が規定していない領域を開拓する　194
規制の限界とシェアリングエコノミーという仕組み　197
AIの進化が教えてくれる新しい仕組みの本質　199
21世紀の現実を見るだけで答えがわかる　201
シェアリグエコノミーの最大の障壁、古い働き方を変革する　203
UXリーダーは企業の外、ユーザーのコミュニティから発掘する　204
トヨタの競争力を支えるタレント育成・活用システム　207
イノベーションを阻む「日本的雇用慣行」の構造　210
「労・労対立」から問題の本質が見えてくる　211
タスクのシェア・解放による働き方の改革　213
人も企業も生き残るためのチャレンジを始めるとき　214
5年で起業家を育てる育成プログラムへの挑戦　215
多様で柔軟な働き方ができる社会へ　219

第3章

UXビジネスにどう移行すべきか？ 77

金融分野で始まっている水平協働型ビジネス 77

フィンテックを活用したUXビジネスが既存の金融ビジネスを根底から崩しつつある 80

フィンテック企業への投資を加速させる大手金融機関 83

費用対効果の呪縛から自分を解放する 84

UXとは手段ではなく目的である 85

UXを最大化するシェアリング型ビジネスモデルの例――ウォーターサーバ 87

テクノロジーが臨界点を超えるたびに社会の可能性を広げる 90

あらゆるものをつなぐIoTがイノベーションを生みだす条件 92

IoTがもたらすのは無限のリソース活用法 94

IoTでリソースの非稼働部分を見つけ出し、有効活用する 96

社内でリソースを解放・シェアする方法――オフィスシェアリング 98

地域でリソースをシェアする――シェアッター 100

水平協働型の互助システムがよりよい地域社会を作る 101

異なる事業間のリソースシェアリング――ロジスティクスとスポーツ関連事業の例 103

ロジスティクス施設をシェアする新規サービス 104

スポーツメディアとのシェアリングで豊かなライフスタイルに貢献する 106

企業を変革するためのリソースシェアリング――社員の働き方を変える 110

IoTが経営判断を変える 114

UXありきの組織、ビジネスモデルを創造する 116

重要なのは新規ビジネスを既存事業・会社から独立させること 118

リソースシェアリングが可能にする企業の痛みなき構造改革 120

第4章

シェアリングエコノミーを支えるIoTテクノロジー 122

無意識で使っている高度なエネルギー 122

「スマートフォンの何が画期的なのか？」にテクノロジーのすべてが凝縮されている 124

1 デバイス／センサーとしての高機能化・高性能化 125

2 通信機能の進化 126

3 データ管理方法の進化 127

4 多様なアプリケーション 127

5 AIによるUXの高度化 128

第1層 デバイス 131

重要なのはデータを自動収集するセンサーリング技術 131

課題は電力消費効率 132

第2層 通信 134

通信があるからデバイスがつながる 134

デバイスからの通信は無線方式が中心 135

MtoM無線通信の国際規格がIoTの普及・発展を可能にする 136

インターネットIPv6で世界のあらゆるものが接続可能に 136

第3層 データ 138

クラウドの普及で飛躍的に自由度が増したユーザーのIT活用 138

グーグルのインフラ戦略から見えてくるテクノロジーのパラダイムシフト 138

インフラの解放・シェアリングから生まれたアマゾンのクラウドサービスAWS 140

よりユーザーに使いやすい仕組みへと進化するクラウドサービス 140

第4層 アプリケーション 141

インストール型からクラウド型・ダウンロード型へ 141

データの修正・加工まで共有できるグーグル・アップス（Google Apps） 142

ユーザーが組み合わせを選ぶ時代 143

詳細目次

序　章

地殻変動の予兆　2

世界のビジネスシーンで起きている変化の本質

これまでの概念では理解できない現象　2
所有する経済の限界とシェアリング、リサイクルの波　4
資本主義の限界なのか？　7
製品がタダで手に入る時代　8
消費者の反乱とテクノロジー　10
経済の個人主権とPtoPのコラボレーション　11
「革命」の予感——水平協働型の経済・社会へ　12
起こり得る存亡の危機　13
企業が生き延びるための変革とは　15
オールドエコノミーからニューエコノミーへ　17

第1章

垂直統制型から水平協働型へ　19

ビジネスも社会も歴史的転換点にある

垂直統制型ヒエラルキーから水平協働型コモンズへ　19
ユニコーン企業も変化の途上の産物　24
アマゾン——垂直統合型と水平協働型が共存　25
グーグル——世の中のあらゆる情報をおさえる　27
ハードからソフトへ、産業の逆転　29
GEとミシュラン——既存巨大企業のイノベーション　30
垂直統制型モデルの極限——トヨタ　33
トヨタの先にあるもの　35
UXの時代を制する水平型コラボレーション　38
システム投資に見る日本企業の問題　41
クロスオーバーで進化する技術が業界・業種の垣根を消す　44

第2章

あらゆるリソースがIoTでつながる　46

水平協働型シェアリングエコノミーの到来

あらゆるものに偏在するコンピュータ　46
個人の部屋からIoTが始まる　50
膨大なモノの情報をやりとりできるIoT時代の通信環境が整いつつある　52
IoT・AIで進化したロジスティクスによるシェアリングエコノミー社会の日常　54
AIがIoTの飛躍的な普及をサポートする　55
垂直型の中央制御がいらなくなる水平型コラボレーションのメリット　56
テクノロジーで信頼性を確保する　59
フィンテックでシェアリングエコノミーを守る　60
増殖するアプリケーション　61
産業・社会を変えるリソースシェアリングのアルゴリズム　62
人と社会を幸せにする「次世代」の技術が実用段階に　64
ICTの遅れを大逆転できる時代がやってきた　67
ユニコーン企業の先にある産業・社会構造の根底的な変革が可能になる　69
UXを最大化して提供する企業だけが成長を持続できる新たな経済社会　70
「囲い込み・所有」から「解放・シェア」へ進化していく時代　72
幸せを分かち合う水平協働型社会が生まれる　73

松島 聡

Akira Matsushima

シーオス株式会社代表取締役社長。

1969 年、我孫子生まれ。東京薬科大学薬学部卒業。アンダーセンコンサルティング（現アクセンチュア）在籍時に医療流通の複雑さと将来性に気づき、2000 年にシーオス創業。

医療流通事業を皮切りに通信、小売、メーカーをはじめとする多業種のロジスティクスをデジタル化。日本ロジスティクス大賞など受賞歴多数。AI、IoT などの技術面と UX（顧客体験）双方を追求した新サービスを生み出し、現在はロジスティクスにとどまらず、企業・個人向けのシェアリングビジネス、スポーツ・アクティビティー事業も牽引。自走式ロボットによる自動マップ作製、ドローンによる自動棚卸、空きスペースの自動認識ほかの研究開発でも注目を集めている。

● 英治出版からのお知らせ

本書に関するご意見・ご感想を E-mail（editor@eijipress.co.jp）で受け付けています。また、英治出版ではメールマガジン、ブログ、ツイッターなどで新刊情報やイベント情報を配信しております。ぜひ一度、アクセスしてみてください。

メールマガジン ：会員登録はホームページにて
ブログ ：www.eijipress.co.jp/blog
ツイッター ID ：@eijipress
フェイスブック ：www.facebook.com/eijipress

UXの時代

IoTとシェアリングは産業をどう変えるのか

発行日 2016 年 12 月 5 日 第 1 版 第 1 刷
2017 年 1 月 25 日 第 1 版 第 3 刷

著者 松島聡（まつしま・あきら）
発行人 原田英治
発行 英治出版株式会社
〒150-0022 東京都渋谷区恵比寿南 1-9-12 ピトレスクビル 4F
電話 03-5773-0193 FAX 03-5773-0194
http://www.eijipress.co.jp/
プロデューサー 山下智也
スタッフ 原田涼子 高野達成 藤竹賢一郎 鈴木美穂 下田理
田中三枝 山見玲加 安村侑希子 平野貴裕 上村悠也
山本有子 渡邉吏佐子 中西さおり
印刷・製本 大日本印刷株式会社
校正 小林伸子
編集協力 原修二
装丁・組版 英治出版デザイン室

ISBN978-4-86276-245-0 C0034 Printed in Japan